advent,
advent …

Rose Hammick
Charlotte Packer

advent, advent...

Inspirationen für die schönste Zeit des Jahres

Lifestyle by BUSSE SEEWALD

Fotos: Jo Tyler

aus dem Englischen übertragen von Wiebke Krabbe

Englische Originalausgabe:
Christmas Inspirations
2004 veröffentlicht bei
Ryland Peters & Small Ltd
20–21 Jockey's Fields
London WC1R 4BW

Text, Design und Fotos

Deutsche Ausgabe:

Übersetzung: Wiebke Krabbe, Damlos
Satz: Punkt für Punkt GmbH,
Mediendesign, Düsseldorf
gedruckt und gebunden in China

ISBN 3-512-03283-4

Inhalt

Einleitung

Zur Weihnachtszeit ziehen wir uns in die warmen vier Wände zurück und laden Freunde oder Familie ein, mit uns zu feiern. Jeder kennt einen besonderen Brauch oder eine alte Tradition, die zu einem gelungenen Weihnachtsfest einfach dazu gehört, sei es das Schmücken des Baums oder die Weihnachtsbäckerei. Dass für Kinder die Geschenke im Vordergrund stehen, versteht sich von selbst. Für manche Erwachsenen dagegen ist Weihnachten einfach ein schöner Anlass, sich mit Freunden oder Familie zu treffen. Für andere steht der religiöse Aspekt im Vordergrund, doch kaum jemand steht dem Weihnachtsfest ganz gleichgültig gegenüber. Dazu trägt auch die Atmosphäre der Jahreszeit bei, wenn an langen, dunklen Abenden der Duft von Glühwein und Plätzchen durch die Wohnung zieht.

Gewiss gibt es „übliche" Weihnachtsbräuche, doch werden sie in jeder Familie individuell interpretiert und gepflegt. Wer aber glaubt, dass solche Bräuche sich nicht ändern, sollte einmal in alten Fotoalben blättern. Was ist aus dem künstlich-silbernen Baum geworden, der 1972 alle begeisterte, oder aus der Plastikkrippe, die Sie als Kind so mochten und inzwischen lieber aus dem Gedächtnis gestrichen haben?

Ein Teil der Weihnachtsfreude liegt darin, Jahr für Jahr die Wohnung festlich zu schmücken. Dieses Buch voller Ideen und Anregungen möchte Ihnen dabei helfen, den traditionellen Weihnachtsdekorationen etwas Individualität und modernen Pfiff zu geben – und vielleicht sogar einige neue, eigene Traditionen einzuführen.

GEGENÜBER: Wo steht geschrieben, dass ein gehäkelter Schlüsselanhänger nicht als Baumschmuck taugt?
Kleines Foto gegenüber: Mit einer breiten Karoschleife wird sogar dem Hund weihnachtlich zumute.
OBEN RECHTS: Hyazinthen sind eine schöne Abwechslung zu traditionellem Tannengrün. Sie füllen die Wohnung mit zartem Duft.
RECHTS: Mit Karoschleife und einem Geweih aus Pfeifenreinigern wird der Durchzug-Dackel im Handumdrehen zum weihnachtlichen Rentier.

Sie haben die Wahl

Ob Sie einen entspannten, lässigen Stil schätzen oder es lieber chic und modern haben – auf den folgenden Seiten finden Sie Anregungen für zauberhafte Weihnachtsdekorationen in vier ganz verschiedenen Stilrichtungen. Alle lassen sich leicht abwandeln und auf Ihre Wohnung und die Bräuche Ihrer Familie abstimmen.

Jede Familie hat ihre eigenen Weihnachtstraditionen. In der einen gibt es die Bescherung vor dem Essen, in der anderen danach. In der einen gehört die Mitternachtsmesse zum Fest, in der anderen der Kirchgang am Ersten Feiertag. Einige Traditionen finden sich aber in allen Familien wieder.

Traditionell

Was wir heute als „traditionelle Weihnacht" bezeichnen, geht auf das 19. Jahrhundert zurück. Im Dezember 1848 erschien in der London Illustrated News ein Foto von Königin Victoria und Prinz Albert vor einem Weihnachtsbaum, der mit vergoldeten Lebkuchen geschmückt war und auf jeder Ebene mindestens 12 Kerzen trug. Dieser opulente Baum (und natürlich der Berg aus Geschenken zu seinen Füßen) wurde weltweit begeistert kopiert.

Selbst die klassischen Weihnachtsfarben Rot und Grün stammen aus dieser Zeit. Natürlich sind es die Farben der wintergrünen Sträucher und ihrer Früchte, doch im 19. Jahrhundert waren diese Töne auch als Wandfarben für Esszimmer und Wohnzimmer in Mode. Kerzen oder Gaslampen gaben ihnen eine besonders warme Ausstrahlung.

Weihnachten werden wir nostalgisch, da kramen wir Kindheitserinnerungen hervor. Aus diesem Grund spielt der üppig geschmückte Baum für viele Menschen so eine wichtige Rolle, denn er verbreitet selbst in der modernsten Wohnung die Atmosphäre einer viktorianischen Villa.

OBEN LINKS: Seidenblumen und Vögel aus echten Federn sind zauberhafte Christbaum-Dekorationen.
OBEN, MITTE UND RECHTS: Zu einer traditionellen Tischdekoration gehört das alte Familiensilber und feine Leinentischwäsche. Paketanhänger mit Initialen, die mit schönem Band an das Besteck gebunden werden, zeigen jedem Gast seinen Platz.
GEGENÜBER: In einer Fichte mit lockerem Geäst kommt der üppige Baumschmuck am besten zur Geltung. Anstelle von Lametta wurden hier breite Bänder wie Girlanden aufgehängt.

RECHTS: Eine hohe Etagere mit geeisten Früchten lässt an ein herrschaftliches Festmahl denken. Wählen Sie ruhig Kerzen in mutigen Farben. Diese Kombination aus dunkelvioletten Kerzen vor blauen Wänden ist unkonventionell, aber sehr effektvoll.
GEGENÜBER, UNTEN LINKS: Ein schönes Band mit einer Distel- und einer Rosenblüte ersetzt den Serviettenring.
GEGENÜBER, UNTEN RECHTS: Mit einer breiten Schleife sieht selbst der Stapel Reserveservietten auf der Anrichte festlicher aus.
GEGENÜBER, OBEN RECHTS: Ein Kranz aus künstlichen Brombeeren passt wunderbar zu den violetten Kerzen.

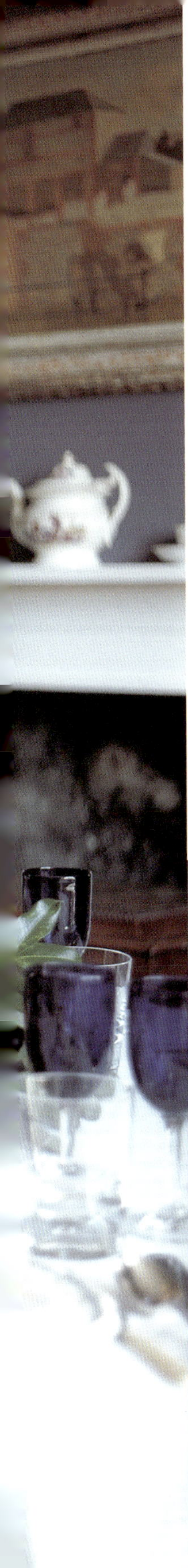

Die prächtige Weihnachtsdekoration bietet eine willkommene Abwechslung zum relativ schlichten Alltag. Wer hat schon die Zeit oder das Geld, rund ums Jahr üppige Blumenarrangements zu gestalten? Selbst wenn Gäste kommen, setzen wir uns kaum an einen edel gedeckten Tisch mit Massen von Kerzen und Blumen oder Bergen bereifter Früchte. Dann möchte man doch wenigstens Weihnachten einmal aus dem Vollen schöpfen und den festlichen Braten mit all seinen Beilagen in einem Rahmen servieren, der auch das Auge begeistert.

Den traditionellen Dekorationsstil muss man nicht erläutern: Er soll Wärme, Geborgenheit und Nostalgie vermitteln. Dieser Stil verträgt sich mit jedem Ambiente. Die kräftigen Farben passen gut zu einer modernen Einrichtung, ein eleganter Weihnachtsbaum mit schimmernden Kugeln und traditionellem Schmuck kann sogar in einer minimalistischen Wohnung beeindruckend aussehen – etwas ungewöhnlich vielleicht, aber ist Weihnachten ist nicht auch das Fest der Überraschungen?

Sie können den traditionellen Stil auf die Spitze treiben oder sich für eine bescheidenere, eher ländliche Variante entscheiden. Bei allem Bemühen um eine authentische Wirkung sollte die Wohnung aber vor allem wohnlich bleiben. Wenn Ihnen das klassische Rot-Grün allzu konventionell ist, könnten Sie auch etwas modernere, aber kräftige Farben wählen, vielleicht Violett, Tintenblau und dunkles Pink.

Das klassische Material für die Dekoration von Kaminsims, Tür und Tisch sind Tanne, Efeu, Ilex oder Schneeball. Kombinieren Sie damit dunkel leuchtende Anemonenblüten, Rosen in kräftigen Farben oder silbrige Disteln. So wahren Sie einerseits die Tradition und geben ihr andererseits einen moderneren Akzent.

Die traditionelle Weihnachtstafel wird elegant gedeckt. Feine Tischwäsche, funkelnde Gläser und edles Geschirr gehören einfach dazu. Die ideale Basis der Tischdekoration bildet eine weiße Tischdecke. Stöbern Sie einmal in Antiquitätenläden nach einer schönen Leinen- oder Damastdecke. Vielleicht finden Sie sogar passende Servietten. Wer keine edle Tischdecke besitzt, kann sich mit einem Bettlaken behelfen, das sich mit einem schönen Tischläufer und passenden Servietten oder Serviettenringen leicht aufwerten lässt. Schlicht weißes Geschirr ist sehr vielseitig, weil es zu den verschiedensten Servierplatten und auch zu farbiger Tischwäsche gut passt. Wer jedoch ein besonders dekoratives Geschirr im Schrank hat, sollte es jetzt in Szene setzen.

Schöne Gläser in nostalgischen Formen bekommt man zu erschwinglichen Preisen in jedem Kaufhaus. Sie können aber auch Ihre vorhandenen schlichten oder modernen Alltagsgläser verwenden und mit Weingläsern in kräftigem Blau, Rot oder Violett kombinieren.

RECHTS UND GANZ RECHTS: Die Tischdekoration aus bereiften Früchten sieht hinreißend aus und ist ganz leicht gemacht. Die Früchte werden mit Eiweiß bestrichen und dann mit Zucker bestreut. Um Fingerabdrücke zu vermeiden, steckt man sie dabei auf einen Holzspieß. Vor dem Arrangieren müssen sie über Nacht trocknen. Die Etagere besteht aus vier alten, aufeinander gestapelten Gebäckschalen.

RECHTS: Das Gesteck aus violetten Artischocken, silbrigen Disteln, Schneebeeren und Rosen mit rosa Rand ist eine schöne Abwechslung zu den üblichen Weihnachtsgestecken aus Tanne oder Ilex. Die Blütenfarben sind auf die Töne des karierten Tischläufers abgestimmt.

DIESE SEITE UND GEGENÜBER OBEN LINKS: Der große Strauß aus kahlen Zweigen mit roten Beeren ist mit Engeln, Sternen und Herzen aus Holz geschmückt.

GEGENÜBER OBEN RECHTS: In Skandinavien hängt man einfache, oft selbst gebastelte Strohsterne und -kränze und würzige Pfefferkuchen mit leuchtend roten Bändern in den Baum.

GEGENÜBER UNTEN: Manche Familien besitzen ein spezielles Weihnachtsgeschirr, das alljährlich vorgeholt wird. Dazu passt die rot-weiß-karierte Tischdecke und die weiße Serviette mit der roten Stickerei.

Der besondere Reiz des skandinavischen Wohnstils beruht auf seiner zeitlosen, ruhigen, unkomplizierten Ausstrahlung. Sie kommt besonders gut zur Geltung, wenn zur Weihnachtszeit warmes Kerzenlicht und süßer Blumenduft die Räume erfüllt und rot-weiße Dekorationen freundlich leuchten.

Nordisch

Skandinavische Weihnachtstraditionen kommen ohne viel Glamour aus – ein willkommenes Gegengewicht zur zunehmenden Kommerzialisierung des Festes. Gerade im Norden, wo die Winternächte besonders lang sind und der Frühling noch so weit entfernt scheint, geht es in der Festdekoration vor allem um Licht, Wärme und Heiterkeit. Man stellt Kerzen in die Fenster, hängt Sterne an die Scheiben und einen einfachen Getreidekranz an die Haustür.

Das ganze Haus wird geschmückt, nicht nur die Bereiche, zu denen Besucher Zutritt haben. Selbst gebastelte Dekorationen, große Schalen mit duftenden Hyazinthen und imposanten Amaryllis stehen auch auf Treppenabsätzen oder in den Gästezimmern. Einige Familien besitzen spezielle Weihnachts-Tischwäsche oder ein besonderes Geschirr, das von Generation zu Generation weitergegeben und nur zum Fest vorgeholt wird. Manche hängen sogar extra zum Weihnachtsfest rot-weiße Vorhänge an die Fenster.

Pfefferkuchen sind als Weihnachtsschmuck besonders beliebt. Herzen, Engel und Sterne werden in den Baum gehängt.

Das Schönste an den skandinavischen Dekorationen ist, dass man sie gemeinsam mit der ganzen Familie zu Hause selbst basteln kann. Girlanden aus Nüssen, Sterne und Schneeflocken aus Papier, Engel und Weihnachtsmänner aus Wäscheklammern – all das kann an einem vergnügten Nachmittag mit Schere und Papier am Küchentisch entstehen. Baumschmuck aus Pfefferkuchenteig ist besonders beliebt, und in fast jedem Haus steht ein liebevoll mit Zuckerguss verziertes Pfefferkuchenhaus.

Nicht nur der Raumschmuck ist schlicht und unkompliziert, auch das Zubehör zur Tischdekoration hat fast jeder im Haus. Eine weiße Tischdecke reicht schon aus, noch authentischer wirkt sie aber mit einem Läufer aus rotweißem Vichykaro. Wer geschickt mit Nadel und Faden ist, könnte auch eine Bordüre aus roten Ilex-Blättern und Sternen applizieren. Nehmen Sie Ausstechförmchen als Schablonen und schneiden Sie die Motive aus Filz oder rotweißen Stoffresten aus. Dann werden die Motive einfach mit Textilkleber aufgeklebt oder aufgenäht. Verzieren Sie doch die Servietten gleich mit! Der Charme des nordischen Stils liegt gerade in dieser Bodenständigkeit, darum ist selbst gemachte Tischwäsche ein stilvolles Accessoire.

GEGENÜBER LINKS: Für die beliebten Pfefferkuchenhäuser gibt es sogar schon Fertig-Bausätze. Wer lieber selbst backt, findet auf Seite 117 ein Rezept.
LINKS: Blumen wie Hyazinthen und diese edlen Amaryllis gehören zur skandinavischen Weihnacht, weil sie in der dunkelsten Jahreszeit den Frühling ankündigen. Die Amaryllis werden mit geschlossenen Knospen gekauft, mit Bindfaden zusammengebunden und in einem Block Steckschaum befestigt, der sich unter dem silbrigen Moos verbirgt.
OBEN: Schlichte Eisen-Kerzenhalter passen perfekt zum skandinavischen Stil.

GEGENÜBER UND GANZ LINKS: Der Strohkranz mit dem Figurenreigen ist eine traditionell nordische Dekoration. Solche Stücke werden von Generation zu Generation weiter vererbt.
LINKS: Im Dezember strahlen skandinavische Wohnungen im Kerzenlicht. Damit Passanten an der Behaglichkeit teilhaben können, stellt man Kerzen in die Fenster. In den letzten Jahren haben Lichterbögen mit elektrischen Kerzen auch in Mitteleuropa immer mehr Anhänger gefunden.
UNTEN: Schalen mit Nüssen und Süßigkeiten sehen dekorativ aus. Hier ersetzt das Namensschild an der kleinen Schale mit Leckereien die Platzkarte auf der Festtafel.

Falls Sie die nötigen Zutaten für die Weihnachtstafel nicht besitzen, denken Sie über die Anschaffung von weißem Geschirr und schlichten, hochwertigen Gläsern nach. Beides ist so vielseitig, dass Sie es für viele Anlässe benutzen können. Das wichtigste Accessoires sind Kerzen – je schlichter, desto besser. Heute sind in der Vorweihnachtszeit selbst in Supermärkten große Altarkerzen zu haben. Auch Bienenwachskerzen mit Honigduft, Teelichte und weiße Tafelkerzen bekommt man überall.

Der skandinavische Stil ist unglaublich anpassungsfähig. Das fröhliche Rot-Weiß passt in fast jede Wohnung, und selbst in Räumen mit sehr unkonventioneller Einrichtung ist durch Austauschen einiger Accessoires schon viel gewonnen.

Die Skandinavier beweisen, dass man mit wenig Aufwand viel Wirkung erzielen kann. Eine echte Tanne in der Wohnung verbreitet würzigen Duft, der selbst gebastelte Schmuck aus Stroh und Lebkuchen wirkt heimelig und die Blumendekorationen aus duftenden, weißen Blüten und roten Beeren vermitteln im Kerzenlicht zauberhaft festliche Stimmung.

Weiß ist die Farbe des Winters, darum sehen Weihnachtsdekorationen ganz in Weiß so stilvoll aus. Sie eignen sich wegen ihrer eleganten Zurückhaltung vor allem für moderne Wohnungen, in denen traditioneller Weihnachtsschmuck deplatziert wirken könnte.

Edel-Weiß

OBEN: Weiß angesprühte Tannenzweige bilden eine lockere Unterlage für das moderne Arrangement aus schlanken Kerzen und schimmernden Glaskugeln.
RECHTS: Ein völlig kahler Baum ist die Lösung für Recycling-Fans und für alle, die eine Alternative zur konventionellen Tanne suchen. Das Baumgerippe und die eingesteckten, dürren Zweige, die ihm mehr Fülle geben, sind weiß angesprüht.
GEGENÜBER OBEN RECHTS: Es ist gar nicht schwierig, solche zarten Schneekristalle aus weißem Seidenpapier auszuschneiden (siehe Seite 94). Sie werden mit Sprühkleber am Fenster befestigt.

Die Begriffe „Weihnachten" und „Chic" scheinen sich zu widersprechen, andererseits tut es vielen Traditionen gut, wenn sie ab und zu ein bisschen entstaubt werden. Wer die alljährlichen Weihnachtsvorbereitungen eher mühsam findet, sollte vielleicht auf die Konventionen pfeifen und eine leichtere, freundlichere, modernere Lösung wählen, die dem eigenen Lebensstil näher ist und dennoch den Geist des Festes einfängt.

Das bedeutet keinesfalls, auf den geliebten Weihnachtsbaum oder schöne Dekorationen zu verzichten. Meist reicht es schon aus, etwas umzudenken. Eine ganz einfache Möglichkeit, dem Fest mehr zeitgemäßen Pep zu geben, besteht darin, sich bei der Gestaltung auf eine einzige Farbe zu beschränken.

Die ideale Farbe für diesen Zweck ist Weiß, das Lieblingskind der Minimalisten. Es wirkt frisch und modern, zugleich aber sanft und verträumt und passt außerdem perfekt zur Jahreszeit, weil es die Farbe von Schnee und Eis ist. Vor allem aber ist Weiß schmeichelhaft und anpassungsfähig. Es harmoniert mit jeder Wohnung, ob moderner Loft oder konventionelles Einfamilienhaus.

DIESE SEITE: Das Geschirr und die Gesamtgestaltung sind edel, doch die Dekorationen steuern ein bisschen augenzwinkernden Winter-Wunderland-Kitsch bei. Wer sagt, dass etwas Witz zu Weihnachten unpassend ist? Der „Winterwald" besteht aus weiß angesprühten Zweigen in feuchtem Steckschaum, der sich dezent unter einem Stück alter Federboa versteckt.

GEGENÜBER LINKS: Ein Päckchen mit Glitzergirlande auf dem Teller ist eine hübsche Alternative zur konventionellen Platzkarte oder Serviette.

GEGENÜBER RECHTS: Eine Gruppe Blumenkerzen in einem Metallgefäß mit irisierenden Glaskugeln.

Wer ganz in einer Farbe dekoriert, sollte Wert auf abwechslungsreiche Nuancen und Texturen legen. Fassen Sie den Begriff Weiß weit und nehmen Sie auch Silber, Zinn und verschiedene Cremetöne in Ihre Deko-Palette auf. Selbst vereinzelte Akzente in Gold – solange es Altgold-Töne sind – harmonieren gut mit einem weißen Dekorationsthema. Das Motto dieser Dekoration ist moderne Eleganz. Dazu passen auch Accessoires mit ungewöhnlicher Oberfläche – irisierende Kugeln, Federn, verzinktes Metall, durchscheinendes Porzellan oder zartes, mundgeblasenes Glas.

Wer es ganz modern mag, könnte sich für eine minimale Dekoration entscheiden. Ein Schwarm weißer Seidenpapier-Schneeflocken auf einer großen Fensterscheibe sieht reizvoll aus, ebenso eine weiße Lichterkette auf dem Kaminsims als Variation der traditionellen Tannengirlande. Statt des üblichen Weihnachtsbaumes könnten Sie eine Tannenkontur aus einer Lichterkette an einer Wand befestigen.

Ergänzen sie die sachliche Geradlinigkeit einer modernen Wohnung durch funkelndes Glas und duftige Federn.

LINKS UND UNTEN LINKS: Kerzenlicht verbreitet immer warme Atmosphäre, doch ein Ambiente ganz in Weiß kann davon etwas mehr gebrauchen. Diese Kerzen wurden aus eingefärbtem Wachs in ausgehöhlten Kürbissen gegossen. Kleine Kränze aus Ilex, Tanne und Schneeball bilden in der konsequent in Weiß gehaltenen Dekoration einen willkommenen Farbtupfer.

Wer etwas Kitsch witzig findet, sollte einmal über einen weißen Kunst-Tannenbaum nachdenken, an dessen Fuß sich statt der traditionellen Krippe eine Gruppe weißer Eisbären gut machen würde.

Wer bei einer Dekoration ganz in Weiß nicht völlig auf Blumenschmuck verzichten will, sollte unbedingt helle Blüten wählen und das dunkle Laub auf ein Minimum beschränken. Weiße Rosen passen immer gut, auch Schalen mit weißen, duftenden Hyazinthen oder stattliche Amaryllis sind im Winter in jedem Blumengeschäft zu bekommen.

Denken Sie daran, dass superschlichte Dekorationen oft besonders edel wirken.. Eine große Schale voll Tannenbaumkugeln in verschiedenen Weiß- und Silbertönen sieht auf einem Tisch in der Diele ebenso schön aus wie in einem unbenutzten Kamin. Kerzenlicht schafft auch in minimalen Interieurs eine warme Atmosphäre. Kaufen Sie viele weiße Kerzen in unterschiedlichsten Größen – von der dicken Altarkerze bis zum winzigen Teelicht – und arrangieren Sie sie überall in der Wohnung zu lockeren Gruppen.

Selbst wer die traditionellen, kräftigen Weihnachtsfarben schätzt, wird anerkennen, dass eine dezentere Palette sehr festlich wirken kann. Eine weiße Dekoration mit Akzenten in Silber und Gold, kombiniert mit funkelnden Lichterketten, vermittelt nicht weniger Weihnachtsstimmung als ihr konventionelles Gegenstück.

LINKS: Die weiße „Eiszapfen"-Lichterkette ist eine moderne Variation der traditionellen Kamin-Girlande, die auch das Dunkel des Brennraums etwas belebt.
OBEN: Christbaumschmuck muss nicht immer im Baum hängen. Hier sind zarte Perlensterne auf dem Kaminsims aufgereiht und funkeln im Licht der kleinen Kerzen um die Wette.

Beim Stichwort Weihnachten denkt man nicht unbedingt an grelles Pink und knalliges Blau – aber diese Farben eignen sich für alle, die der traditionellen Dekorationen überdrüssig sind. Geschickt eingesetzt verbreiten sie durchaus festliche Stimmung – nur eben auf etwas frechere Art.

Modisch-Bunt

OBEN: Eine witzige Tischdekoration ist dieser Plätzchenteller mit Kerzen in Pastelltönen. Die Plätzchen bestehen aus echtem Mürbeteig, wurden aber eigens für diesen Zweck gebacken.
OBEN RECHTS: Diese großen Kugeln mit den breiten Streifen in Bonbonfarben passen ausgezeichnet zu einer modernen Weihnachtsdekoration.

Wenn Sie sich gegen die traditionellen Weihnachtsfarben entschieden haben, stehen Ihnen alle Möglichkeiten offen. Einige Grundregeln sollten Sie allerdings beachten, denn kreative Freiheit mit leuchtenden Farben bedeutet nicht, dass Stil und Geschmack auf der Strecke beleiben müssen.

Wer mit vielen Farben dekoriert, sollte die Tonwerte beachten (kräftig oder gedämpft, satt oder pastell) und sich dann konsequent für einen oder höchstens zwei entscheiden. Reizvoll und lebhaft ist der Kontrast von dunklen und grellen Farben, weil beide einander betonen. Kombiniert man dagegen verschiedene gedämpfte Farben, entsteht ein eher ruhiger, ausgewogener Effekt. Mixt man die Farben allerdings wahllos und ohne klares Konzept, wirkt das Gesamtbild einfach nur wirr. Wer den Retro-Stil mag, könnte sich beispielsweise für eine Dekoration in Pastelltönen entscheiden. Darf es etwas knalliger sein, nehmen Sie eine Tüte bunter Schoko-Dragees als Inspiration für die Wahl der Accessoires.

Ein zweiter wichtiger Aspekt sind die Muster, die nicht zu unruhig ausfallen sollten. Günstiger für eine moderne, lebendige Dekoration sind plakative Tupfen und Streifen. Große Kugeln mit breiten Streifen in leuchtenden Farben sehen neben einfarbigen Kugeln spektakulär aus. Kommt aber ein weiteres Muster hinzu, ist der Effekt dahin.

DIESE SEITE: *Nicht jeden Christbaum kann man kaufen. Die Konturen dieses Modells wurden aus dickem Draht gebogen und dann im rechten Winkel zusammengesetzt. Geschmückt wird der Baum mit einem Sortiment kunterbunter Kugeln, die mit feinen Drähten oder bunten Bändern aufgehängt werden.*

GEGENÜBER UND LINKS: Das Mobile aus Plexiglas in leuchtenden Weingummi-Farben wird mit selbst geschnittenen Papier-Schneeflocken (siehe Seite 94) im Handumdrehen zum Weihnachtsschmuck. Oben: Die himmlischen Heerscharen umschweben des Treppengeländer. Die originellen Engel aus altmodischen Wäscheklammern und Stoffresten könnte man auch in ein Fenster oder natürlich in den Weihnachtsbaum hängen.

GEGENÜBER UND OBEN: Lichterketten gibt es in unglaublichen Farben und Formen. Die schlichten Weihnachtsketten in Weiß haben zwar ihren Reiz, doch für ein buntes Fest darf es ruhig etwas frecher sein. Diese orientalischen Minilaternen aus Metallrahmen mit einer Bespannung aus Papier sind so hübsch, dass man sie am liebsten das ganze Jahr hängen lassen möchte.

Leuchtend bunter Baumschmuck hat einen speziellen Vorteil: Er passt zu einem traditionellen „Tannenbaum“ ebenso gut wie zu einer modernen Alternative. Für die Päckchen am Fuß des Baums sollten Sie dann Geschenkpapier mit ähnlich plakativen Streifen- oder Tupfenmustern wählen. Sehr schön ist auch einfarbiges Seidenpapier in leuchtenden Tönen, verschnürt mit prächtigen Bändern in Kontrastfarben.

Nikolausstiefel aus bunten Stoffen sind eine schöne Dekoration für das Kaminsims oder ein Regal, sie können sogar den Blickfang einer fröhlichen Weihnachtsdekoration bilden. Mit einer bunten Lichterkette verwandeln sie den Kamin in eine kitschig-witzige Grotte, an der vor allem Kinder Spaß haben werden. Sie müssen sich aber nicht auf die typischen Weihnachts-Lichterketten beschränken. Wie wäre es mit einer Kette aus winzigen, orientalischen Laternen an einem Regal oder quer durch den Raum gespannt? Selbst in der Küche, die bei der Weihnachtsdekoration ohnehin meist zu kurz kommt, machen sich solche Accessoires gut.

Blumen gibt es in allen erdenklichen Farben. Vergessen Sie Tannengrün, wählen Sie lieber etwas Exotisches. Sehen Sie sich beim Blumenhändler um und überlegen Sie, was am besten zu den Farben Ihrer Dekoration passen würde. Ob die Blumen ausgesprochen weihnachtlich sind, spielt gar keine Rolle.

Den Tisch gestalten Sie ganz nach Laune, elegant oder ganz lässig. Wenn Sie Teller in bunten Farben besitzen: auf den Tisch damit, vorausgesetzt sie haben alle die gleiche Form und Größe und sind nicht gemustert. Ist Ihr Geschirr schlicht weiß, leisten Sie sich einige Weingläser in Bonbonfarben oder beleben Sie die Tischdekoration durch einen Tischläufer und Baumwollservietten in kräftigen Farben.

Wenn Sie sich für ein kunterbuntes Weihnachtsfest entscheiden, werden Sie feststellen, dass sich die Dekoration vielen Wohnstilen leicht anpassen lässt. Und ganz nebenbei wirkt sich so ein fröhliches Ambiente auch auf die Stimmung der Gäste aus – vor allem, wenn es draußen kalt und grau ist.

Wenn Ende November die ersten Adventsdekorationen vom Dachboden geholt werden, spüren wir alle die erwartungsvolle Freude der Kindheit wieder. Das Haus wird mit Schleifen, Kerzen und Blüten festlich herausgeputzt. Da macht es keinen Unterschied, ob Sie alten Familien-Weihnachtsschmuck besitzen oder sich neu ausstatten.

Festlich geschmückt

Für viele Familien wäre ein Weihnachtsfest ohne Christbaum undenkbar. Vielleicht werden eines Tages keine Schuhe mehr aufs Fensterbrett gestellt, auch das Festmenü mag von Jahr zu Jahr wechseln, doch den Weihnachtsbaum wird es immer geben. Das Schmücken zählt zu den Höhepunkten der Festvorbereitungen.

Oh Tannebaum …

Der Tannenbaum ist noch ein recht junges Symbol des Weihnachtsfestes. Über Jahrhunderte spielten Bäume in den Festbräuchen keine Rolle. Wahrscheinlich begann man in Nordeuropa damit, zu Weihnachten einen Baum in die Wohnung zu holen. Mit den deutschen Siedlern gelangte diese Tradition nach Amerika. Durch Königin Charlotte, die Gattin des Königs George III, wurde er ein England bekannt, doch erst Prinz Albert, der deutsche Ehemann der Königin Viktoria, verhalf ihm dort zu seiner Beliebtheit. Seitdem ist der Weihnachtsbaum ein fester Bestandteil des Festes, gleichermaßen geliebt von Menschen, die den religiösen Aspekt in den Vordergrund stellen, und anderen, die sich einfach an seiner Pracht freuen. So oder so: Erst wenn der Baum aufgestellt wird, fängt Weihnachten wirklich an.

Die Baumschmuckmoden wechseln, auch die Anhänger der Kunstbäume werden nicht aussterben. Die meisten Menschen bevorzugen aber einen frisch geschlagenen, echten Baum, der herrlich würzig und weihnachtlich duftet.

Schon Anfang Dezember öffnen in allen Ländern, in denen Weihnachten gefeiert wird, allenthalben Weihnachtsbaum-Verkaufsstände. Es lohnt sich aber, einmal in der nächstgelegenen Försterei nach den Verkaufsterminen für Tannenbäume zu fragen: Dort sind sie meist preiswerter und mit Sicherheit frischer. In manchen

RECHTS: Nirgends steht geschrieben, dass sich nur die klassischen Engel und Sterne als Weihnachtsschmuck eignen. Diese zarten Glitzerschmetterlinge und die perlmutt-schimmernden Schneckenhäuser glänzen im Schein der Mini-Lichterkette doch ausgesprochen festlich.

LINKS: Statt einen weißen Kunstbaum zu kaufen könnten Sie einen echten Tannenbaum mit weißer Floristen-Sprühfarbe „einschneien". Geeignet ist auch weißer Sprühlack, der aber einen dickeren, weniger transparenten Überzug ergibt. Wegen der gesundheitsschädlichen Gase sollte der Baum im Freien besprüht werden und einige Stunden ablüften. Dann kann er geschmückt werden.
OBEN: Die Glaskugel ist zart wie eine Seifenblase und passt ausgezeichnet zu den weißen Papierschmetterlingen.

OBEN: Der traditionelle Baum des viktorianischen Zeitalters war üppig geschmückt – mit Glaskugeln in sattem Rot und Violett, glitzernden Glas-Eiszapfen, Kunstblüten, winzigen Vögeln aus echten Federn, Lavendelherzen und Seidenpantoffeln.
OBEN RECHTS: Echte Christbaumkerzen sind besonders stimmungsvoll, müssen aber ständig aufmerksam beobachtet werden.
UNTEN: Tannenbaumkugeln im Antik-Stil.

Tannenschonungen darf man sich seinen Baum sogar selbst aussuchen und schlagen – locker und luftig oder dicht gewachsen, ganz nach Geschmack.

Manche Menschen finden das Hantieren mit pieksenden, nadelnden Bäumen lästig. Zum Glück sind die Zeiten vorbei, als ein Kunstbaum als Inbegriff schlechten Geschmacks galt. Inzwischen gibt es ausgesprochen realistisch wirkende Kunstbäume, und für den würzig-harzigen Duft lässt sich leicht mit einem passenden ätherischen Öl in einer Duftlampe sorgen.

Weiße Kunstbäume, die sich nicht einmal um Realismus bemühen, waren früher völlig verpönt. Auch sie gewinnen heute neue Anhänger. Je nach Menge und Stil der Dekoration können sie kühl-elegant oder auch ironisch-kitschig wirken. Natürlich gibt es auch eine Reihe reizvoller Alternativen zum klassischen Tannenbaum, von den skurril gekrümmten Zweigen der Korkenzieherhasel bis zu „Bäumen" aus Plexiglas-Platten oder Glasfaser-Leuchtschlangen, die an der Wand befestigt werden.

DIESE SEITE: Vögel aus Glas, Metall oder echten Federn waren im 19. Jahrhundert als Tannenbaumschmuck besonders beliebt. Auf Antikmärkten kann man gelegentlich noch Originale aus dieser Zeit finden, allerdings zu stattlichen Preisen. Inzwischen werden solche Vögel jedoch wieder hergestellt. „Trauben“ aus glitzernden Perlen und schimmernde Satinbänder sind eine unaufdringliche Alternative zum klassischen Lametta.

LINKS: Dieser stattliche Baum sieht mit seiner Mischung aus selbst gebastelten und gekauften Dekorationen sehr stimmungsvoll aus. Die Päckchen in bescheiden braunem Packpapier roten Schleifen geben an seinem Fuß ein schönes Bild.
UNTEN: Eine Schale mit gebündelten Zimtstangen ist ein hübscher Anblick und duftet herrlich. Kaufen Sie den Zimt nicht im Lebensmittelgeschäft, dort ist er viel zu teuer. Beim Floristen gibt es viel preiswerter große Pakete Zimtstangen, die für Gestecke gedacht sind, aber ebenso würzig riechen.
UNTEN: Der Schlüsselring mit dem gehäkelten Teddy ist Baumschmuck und Geschenk zugleich – ideal, wenn Kinder zu Gast sind.
RECHTS: Die schlichten, eleganten Sterne aus Origami-Papier sind für wenig Geld schnell gefaltet. Neben den silbern schimmernden Kugeln sehen sie sehr edel aus.

Das Schmücken des Baums ist ein besonderes Vergnügen. Ehe Sie ans Werk gehen, sollten Sie sich aber eine Vorstellung von der gewünschten Wirkung machen. Ob Sie einen künstlichen oder echten Baum wählen und ihn traditionell oder modern schmücken, hängt vom Stil Ihrer Wohnung und von den Festtraditionen Ihrer Familie ab. Für manche Familien ist schon das Baumschmücken ein kleines Ritual. Zuerst werden die Kisten mit dem Baumschmuck, der jedes Jahr wieder verwendet wird, vom Dachboden geholt, dann schmücken alle gemeinsam den Baum und nippen dabei an duftendem Glühwein. Andere haben Spaß daran, jedes Jahr einen neuen Baumschmuck auszuprobieren. Statt auf den Boden gehen Sie ins Einkaufszentrum und kommen mit Taschen und Tüten voll aufregender Schätze zurück.

In jedem Fall kommt es darauf an, dass der Baum etwas her macht. Selbst eine majestätische, zwei Meter hohe Fichte sieht mit billigem Lametta und spärlichem, abgenutztem Baumschmuck mickrig aus. Ebenso kann ein großer Strauß spiraliger Haselzweige ungeschmückt minimalistisch (oder trist) aussehen, aber mit einigen liebevoll ausgewählten Kugeln und anderen Dekorationen ein echter Hingucker sein.

OBEN: Mit den weiß angesprühten Zweigen, die ins Geäst gesteckt sind, sieht dieser Baum aus wie von Raureif überzogen. Geschmückt ist er im skandinavischen Stil mit Strohfiguren, Pfefferkuchen und einfachen Kugeln.

RECHTS: Ein Baum im Shaker-Stil mit Engeln und Weihnachtsmännern aus Wäscheklammern, selbst gebackenen Pfefferkuchen (Rezept Seite 117) und Naturmaterialien. Gestreifte Bänder ersetzen Lametta und Girlanden.

LINKS: Vorsicht, solche leckeren Stern-Plätzchen, in deren rot schimmernder Mitte sich das Kerzenlicht blitzt, werden gern aus dem Baum stibitzt.

OBEN: Zu einem Baum in skandinavischen Stil passen bodenständige Dekorationen wie diese Kunstharz-Rosette, die wie gehäkelt aussieht.

edel **schimmernde** Kugeln und
selbst gemachter Schmuck
in einem **märchenhaften** Baum

OBEN: *Eine Kaskade von einfarbigen und gestreiften Kugeln in frechen Farben umschwebt den witzigen „Baum" aus dickem Draht. Einige scheinen frei in der Luft zu schweben, weil sie mit Angelsehne aufgehängt sind.*
GEGENÜBER: *Nicht nur Recycling-Fans werden von dieser Idee begeistert sein. Weiß angesprühte Zweige geben dem völlig kahlen Baum mehr Fülle und Präsenz. Geschmückt ist das skurrile Kunstwerk mit Schneeflocken aus weißem Papier (siehe Seite 94) und kleinen, transparenten Glaskugeln.*

Natürlich sollte der Weihnachtsbaum zur Dekoration der übrigen Wohnung passen. Wenn Sie frisches Grün ins Haus holen, vielleicht lange Efeuranken, Ilex-Zweige und feuerrote Weihnachtssterne, dann ist eine frische Fichte mit zarten Vögeln aus Federn, Mini-Spielzeugen und glänzenden Kugeln in Rot und Grün die richtige Wahl. Auch ein Baum im Shaker-Stil mit schlichten Herzen und Sternen würde gut passen. Dekorieren Sie die Wohnung dagegen moderner, ist ein traditioneller Baum fehl am Platz. Hier wären große Zinkkübel mit winterweißen, dürren Zweigen stimmig, vielleicht auch eine luftige Metallskulptur in stilisierter Tannenbaumform (links).

Auch die Art der Weihnachtsfestlichkeiten sollte bedacht werden. Wenn kleine Kinder dabei sind, ist ein Baum mit schlichten Holzdekorationen ideal. Es macht Spaß, sie gemeinsam aufzuhängen, aber sie sind nicht zu aufwändig oder empfindlich. Kommen nur Erwachsene auf einen Drink, ist etwas Glamour gefragt – farbige Kugeln, Schleifen und funkelnde Lichter. Zur traditionellen Weihnachtsfeier mit der ganzen Verwandtschaft passt ein Baum mit essbarem Schmuck, etwa Herzen und Sterne aus Lebkuchenteig. Und hat gar eines der Kinder zu Weihnachten Geburtstag, kann der Baum mit Süßigkeiten und kleinen Geschenken geschmückt und am Ende der Geburtstagsfeier zum Plündern freigegeben werden. Wer Weihnachten ohne Kinder feiert, kann natürlich in edlen, empfindlichen Dekorationen schwelgen. Da gibt es wunderschöne Preziosen in Weiß, Silber und Gold: schimmernde Muscheln, Vögel und Schmetterlinge aus Federn und glitzernde Kristalltropfen.

Den Platz, an dem der Baum am besten zur Geltung kommt, sollten Sie unbedingt vor dem Schmücken aussuchen, denn in vollem Ornat lässt er sich kaum noch bewegen. Besonders hübsch sieht es aus, wenn der Baum vor einem Fenster steht, sodass sich Kerzen oder Lichterketten im Glas spiegeln. Auch von außen wirkt das Haus dann wunderbar festlich und anheimelnd.

GEGENÜBER: Ein Kaminofen, umgeben von einem guten Holzvorrat, braucht nur wenig Extradekoration, um festliche Winterstimung zu verbreiten. Einige Zypressenzweige und extragroße Glaskugeln reichen aus.
RECHTS UND GANZ RECHTS: Flure kommen bei der Weihnachtsdekoration oft zu kurz, dabei bieten sich gerade Treppengeländer für Girlanden aus winterlichem Grün und feine Kugeln förmlich an.
UNTEN RECHTS: Bescheiden, witzig und trotz allem festlich: ein dicker Kranz aus ungeschälten Erdnüssen mit einem dekorativen Band.

Ein Kranz an der Haustür ist ein schöner Willkommensgruß, der gerade deshalb angenehm auffällt, weil die Tür während des übrigen Jahres meist ungeschmückt bleibt – einmal abgesehen von der Luftballontraube, wenn ein Kindergeburtstag gefeiert wird.

Kränze und Girlanden

Einfache Kränze und Girlanden kann man für wenig Geld fertig kaufen und mit etwas Fantasie individuell verändern. Wichtig ist, dass die Größe des Kranzes gut auf die Tür abgestimmt ist. Ein zu kleiner Kranz auf einer großen Tür sieht verloren aus, ist er zu groß, wirkt er lächerlich – so schön die Blätter, Blüten und Dekorationen auch sein mögen. Stimmen Sie den Kranz ganz nach Wunsch Ton in Ton auf Ihre Haustür ab oder setzen Sie auf starke Kontraste.

Wenn Größe und Farben festgelegt sind, sehen Sie sich einmal in Ihrem Garten um. Efeu – eine Grundzutat für viele Kränze und Girlanden – ist meist auch in kleinen Gärten zu finden. Und in größeren Anlagen wachsen oft immergrüne Sträucher mit schönem Laub. Auch von einem Spaziergang auf dem Land kann man allerlei schönes Material mitbringen.

DIESE SEITE UND RECHTS: Ein traditioneller Kranz aus Ilex, Schneeball und Schneebeeren ist zum Fest mit dunkelroten Rosen geschmückt. Eine leuchtend rote Schleife wäre zwar die traditionelle Wahl, doch dieses grüne Band mit Kupferschimmer wirkt viel eleganter. GEGENÜBER RECHTS: Zwischen dem dunklen Grün von Schneeball, Ilex und Lorbeer leuchten rote Anemonenblüten. Die glänzenden roten Beeren des Ilex und die kleineren Beeren des Schneeballs lockern das Arrangement auf, die rote Schleife rundet es optisch ab.

Zweige von Ilex, Lorbeer, Schneeball und Skimmie geben Kränzen und Girlanden Fülle und Struktur. Probieren Sie auch einmal interessante Blattformen und ungewöhnliche Farben aus, etwa die attraktiven, dunkelvioletten Blätter der Blutberberitze (Berberis thunbergii).

Auch Beeren dürfen in der Weihnachtsfloristik nicht fehlen. Cotoneaster findet man in vielen Gärten – je nach Sorte mit feuerroten, orangefarbenen oder gelben Früchten. Weiße Schneebeeren (Symphoricarpos albus) kann man häufig an Wegrändern und Böschungen schneiden. Besonders interessant sind die hell fliederfarbenen Früchte des Liebesperlenstrauches (Callicarpa bodinieri). Und natürlich sollten Misteln nicht fehlen, die man allerdings nur im Blumengeschäft oder auf dem Markt bekommt. Ein einzelner Zweig sieht meist etwas mager aus, gönnen Sie sich lieber ein dickes Bund.

Gräser erleben in den Gärten eine Renaissance, und auch ihre zarten, fiedrigen Blütenstände sehen in einem Kranz zauberhaft aus.

Die Samenstände des Silberblatts (Lunaria annua) schimmern in der Wintersonne so hübsch, dass es schwer fällt, sie abzuschneiden. Doch ein Kranz aus nichts als diesen zarten „Silberlingen" sieht ungemein edel und duftig aus.

Wer keinen eigenen Garten hat, findet im Blumengeschäft oder auf dem Markt eine große Auswahl geeigneter Pflanzen, die sich für ungewöhnliche Gebinde eignen. Rosen in intensiven, dunklen Tönen eignen sich besonders gut, weil sie wunderbar mit dem dunklen Grün harmonieren und sehr festlich und edel aussehen.

Wer eine Alternative zu den üblichen Kränzen aus „lebenden" Blättern, Blüten und Beeren sucht, könnte sich für einen Kranz aus kahlen Zweigen oder Reisig entscheiden. Solche Dekorationen können sehr interessant aussehen, außerdem kann man ihnen leicht mit Floristendraht und Glasperlen oder anderen zarten Accessoires eine persönliche Note geben.

Außer der Haustür gibt es viele andere schöne Plätze für Kränze. Kleine kreis- oder herzförmige Gebinde könnte man an die Stuhllehnen hängen, größere geben über einen Spiegel einen schönen Blickfang ab.

GEGENÜBER: Girlanden müssen nicht grün sein, wie dieses Modell aus Draht, Perlen, Schmetterlingen und Vögeln eindrucksvoll beweist.
DIESE SEITE GANZ LINKS: Die üppige Kugel aus verschiedenen Winterzweigen und Blättern wurde mit weißen Autolack eingesprüht. Ein beeindruckender Dielenschmuck.
LINKS UND OBEN: Ein zarter Drahtkranz mit winzigen, herzförmigen Glasperlen hängt wie zufällig am Schlüssel des Eckschranks.

LINKS: Ein fülliges Reisigherz lädt freundlich zum Platznehmen ein.
OBEN: Warum nur Enten zur Orange? Auch als Kranz machen sie sich gut.
GEGENÜBER: Der große, etwas struppige Kranz aus getrocknetem rosa Pfeffer passt zu der zart salbeigrünen Tür viel besser als ein grüner Laubkranz. Rosa Pfefferkörner bekommt man beim Blumenhändler oder auf dem Markt. Weil ihre Saison aber nur kurz ist, sollte man sie vorbestellen.

OBEN: Baum, Wohnzimmer und Essplatz sind geschmückt – nun geht Ihnen die Lust aus? Dann ist so eine Papiergirlande für das Betthaupt die richtige Lösung: schnell, einfach und festlich.

GEGENÜBER UNTEN RECHTS: Der schlichte, fast strenge Kranz wirkt besonders gut, wenn er an einer simplen Hakenleiste im Shaker-Stil hängt. Eine gute Idee für eine dezente Dekoration außerhalb des Wohnzimmers.

Kleine Perlenkränze an den Griffen einer Kommode oder an den Türklinken sorgen hier und da für festliche Überraschungen.

Traditionell dekoriert man das Kaminsims mit fülligen Girlanden, doch auch an anderen Plätzen können sie sehr gut aussehen. Lange Gebinde aus Blattgrün, geschmückt mit Kugeln, Bändern und Mini-Lichterketten, lassen das Treppengeländer gleich viel festlicher aussehen. Wenn Sie ein älteres Haus mit Deckenbalken bewohnen, könnten Sie üppige Girlanden unter die Decke hängen.

Wie Kränze können auch Girlanden aus vielen verschiedenen Materialien bestehen. Fast jeder hat in seiner Kindheit lange Ketten aus Papier oder Glanzfolie gebastelt – daran haben Kinder auch heute noch Spaß. Experimentieren Sie einmal mit Girlanden aus ausgeschnittenen Figuren, vielleicht Sternen und Herzen, Engel oder Könige. Sehen Sie sich in den Geschäften nach passenden Dekorationen um – von winzigen Fausthandschuhen bis zu kleinen Weihnachtsmännern – oder basteln Sie sie selbst aus Wäscheklammern und Stoffresten. Als Weihnachtsdekoration für das Kinderzimmer genügt schon ein hübsches Band mit Kugeln, Sternen und anderem Weihnachtsschmuck, das unter die Decke gespannt wird. Und im Gästezimmer kehrt mit einer Girlande aus Lavendelherzen, die über das Kopfende gehängt wird, im Handumdrehen Weihnachtsstimmung ein.

Das Kaminsims

ist der traditionelle Platz für üppige Girlanden, aber nicht der **einzige**

OBEN: Das Kopfende des Gästebetts ist mit einer edlen, aber nicht allzu weihnachtlichen Girlande aus Lavendelherzen und Pantöffelchen dekoriert. Die feinen Seidenstoffe sehen elegant aus, der Lavendel sorgt außerdem für guten Schlaf. Diese Dekoration könnte das ganze Jahr über hängen bleiben, zu Weihnachten befestigen Sie einfach einige Kugeln daran.

GEGENÜBER: Wer sagt denn, dass man Weihnachtskarten nicht in einem verchromten Toastständer präsentieren kann?
RECHTS: Eine „Wäscheleine" mit glitzernden Klammern ist eine praktische Möglichkeit, um all die schönen Karten vorzuzeigen.
UNTEN: Ein Stück Kükendraht aus dem Baumarkt eignet sich als improvisiertes Pinnbord für die Kartensammlung.

Wenn die Weihnachtskarten eintreffen, brauchen sie einen Platz, an dem man sie sehen kann. Sie eignen sich auch für eine eigenständige Dekoration, so kommen sie viel besser zu Ehren als in einem Stapel auf dem Fernseher.

Weihnachtspost

Wer Weihnachtskarten zur Dekoration verwenden möchte, sollte bedenken, dass sie als große Gruppe besser zur Geltung kommen als hier und da im Raum verstreut. Die beste Lösung besteht darin, einen kleinen Beistelltisch oder ein Regalbrett als „Bühne" zu verwenden und sich beim Arrangement etwas Mühe zu geben: die großen Karten nach hinten, die kleineren nach vorn. Das mag offensichtlich klingen, wird aber oft übersehen. Karten, die leicht verrutschen oder umkippen, kann man mit etwas Klebeband fixieren.

Sogar ein Regal voller Bücher eignet sich für eine Weihnachtskarten-Installation. Steckt man Klappkarten mit einer Seite zwischen die Bände, schweben die Motive vor den Buchrücken. So eine Dekoration wirkt wunderbar leicht und zwanglos, ähnlich wie kleine Karten, die ringsherum hinter den Rahmen eines Spiegels gesteckt werden. Etwas aufwändiger ist es, Karten an Bändern aufzuhängen, die mit Kugeln beschwert sind. Wer die Karten ins Fenster hängen möchte, sollte sich die Rückseiten genau ansehen und bei Bedarf mit buntem Papier bekleben, damit sie auch von draußen hübsch aussehen.

Weihnachtskarten kommen als Gruppe besser zur Geltung als einzeln im Raum verstreut

An eine freie Wandfläche könnte man eine Stoffbahn hängen, auf der jede neu eingetroffene Karte mit einer Stecknadel befestigt wird. So haben die Karten einen schönen Hintergrund und die Tapete wird geschont. Kükendraht aus dem Baumarkt eignet sich ebenfalls als improvisierte Pinnwand. Die Karten werden einfach gelocht und mit buntem Band oder Bast angebunden.

Es muss nicht immer das Wohnzimmer sein. Auch für die Diele, die bei der Festdekoration ohnehin oft zu kurz kommt, sind bunte Weihnachtskarten ein fröhlicher Schmuck. Bunte Bänder mit Karten am Treppengeländer sehen beispielsweise sehr attraktiv aus.

Wenn Ihre Kinder eigene Karten bekommen, könnten Sie daraus ein Mobile für das Kinderzimmer basteln. Einfach zwei Karten Rücken an Rücken zusammenkleben, dabei Lamettafäden mitfassen und in verschiedenen Höhen an einem Kreuz aus zwei Leisten aufhängen.

OBEN LINKS: Unkompliziert und ganz einfach: Die Klappkarten werden geöffnet und so zwischen die Bücher gesteckt, dass die Motive vor den Buchrücken schweben. Bänder mit kleinen Kugeln sorgen für den festlichen Glanz.
GEGENÜBER UND OBEN: Die Treppe ist eine ideale Bühne für die Weihnachtskartensammlung. Mittelbreites Band in verschiedenen Längen wird mit Glaskugeln oder anderen Anhängern beschwert, die Karten sind einfach mit etwas Klebstoff an den Bändern befestigt. Zum Schluss die Bänder ans Geländer knoten oder unsichtbar unter den Stufenmatten befestigen.

LINKS UND UNTEN RECHTS: Duftkerzen in einem Nest aus roten Beeren und winterlichem Laub sind ein schöner Blickfang für die Diele. Kleine Kugeln, die wie die Beeren rot glänzen, sind mit leuchtenden Bändern an den Truhengriffen befestigt. Das Orange der Schleifen ist auf die Bemalung der Truhe abgestimmt. RECHTS UND GANZ RECHTS: Mischen Sie eine große Portion Weihnachts-Potpourri, das in großen Schüsseln im Haus steht und seinen Duft verteilt. Aussehen und Duft sind die Kriterien zur Auswahl der Zutaten.

Die meisten Familien beschränken sich darauf, Baum und Wohnzimmer zu schmücken und den Tisch festlich zu decken. Dabei kann es so stimmungsvoll sein, die Weihnachtsdekoration auf das ganze Haus auszuweiten – vor allem, wenn Sie zu einer Party einladen oder Freunde für einige Tage bleiben.

Dekorative Kleinigkeiten

Die Diele bietet sich für festliche Dekorationen an, weil man hier Gäste willkommen heißt und weil sich bei einer Party hier auch oft Grüppchen bilden. Es muss gar kein üppiger, aufwändiger Schmuck sein. Ein paar Kleinigkeiten, die Atmosphäre schaffen, reichen völlig aus. Eine Gruppe dicker Stumpenkerzen in einer flachen Schale mit Beeren und Blattgrün ist ein stimmungsvoller Willkommensgruß, der anheimelnde Stimmung verbreitet. Sie könnten auch ein Bund Misteln an die Tür hängen und Spiegel und Bilder mit Ilexgirlanden schmücken.

Kleine Schalen mit Nüssen, Früchten und eingewickelten Süßigkeiten sehen nicht nur dekorativ aus, sondern sind sehr praktisch, weil gerade um diese Jahreszeit öfter unvorhergesehene Gäste ins Haus schneien. Typische Winter-Topfpflanzen wie Alpenveilchen und duftende Hyazinthen sind um diese Jahreszeit in jedem Blumengeschäft zu haben. Sie verbreiten auf Treppenabsätzen und Fensterbänken und selbst im Bad oder Gäste-WC heitere Feststimmung.

OBEN: Das Kaminsims im Kinderzimmer ist ein schöner Platz für eine Dekoration, vor allem, wenn das Kind noch zu klein ist, um die Hintergründe des Weihnachtsfestes zu verstehen – oder zu alt, um sich für Lamettaglitzern zu begeistern. Die bunten Kugeln an den karierten Bändern passen gut zu den altmodischen Dekorationen.
LINKS: Der weiße Keramik-Baumschmuck in einfachen Formen leuchtet vor dem dunklen Kamin besonders schön.
RECHTS: Eine Sammlung handgeschnitzter, handbemalter Holztiere gesellt sich hier zu silbernem Baumschmuck, der im Licht der Kerzen magisch schimmert.
GEGENÜBER: Auch den kleinen Spielzeugpferden ist ganz weihnachtlich zu Mute – dafür sorgen die festlichen Schleifen an ihren Hälsen.

Die Küche wird bei der Weihnachtsdekoration oft völlig vergessen, dabei ist sie gerade bei Partys der beliebteste Sammelpunkt. Der Festschmuck sollte aber schlicht und unkompliziert sein, damit er nicht im Widerspruch zur funktionalen Rolle der Küche steht. Es reicht völlig, an einige der Tassenhaken unter einem Regal oder an die Griffe der Anrichte hübsche Tannenbaumkugeln zu hängen.

In vielen Wohnungen ist die Küche großzügig genug, dass darin auch ein Esstisch Platz findet. Die Funktion eines Spielzimmers für Kinder erfüllt sie oft noch nebenbei. In diesem Fall wäre es eine schöne Lösung, das Thema der Tischdekoration in reduzierter Form in die Küche auszudehnen, etwa durch eine Lichterkette an einem höheren Regal, eine große Vase mit interessanten Zweigen voll leuchtend roter Beeren. Größere Spielsachen wie das Schaukelpferd, die Puppenstube oder die Ritterburg, die während der Feiertage nicht weggeräumt werden können, werden kurzerhand einbezogen und mit Schleifen oder einzelnen Kugeln dekoriert.

Frische Blumen im Gästezimmer sind rund ums Jahr eine liebevolle Begrüßung, doch zu Weihnachten darf der Empfang ruhig noch etwas wärmer sein. Binden Sie im Stil der Wohnzimmerdekoration eine

OBEN: Eine Girlande aus winzigen Fausthandschuhen ist eine witzige Alternative zu Papiergirlanden oder Lametta. Sie passt am besten zu einer schlichten, bodenständigen Weihnachtsdekoration.

kleine Girlande für das Kaminsims, hängen Sie eine Christbaumkugel an die Kleiderschranktür oder einen kleinen Kranz über den Spiegel. Duftkerzen mit Kränzchen aus immergrünen Blättern sehen auf den Nachttischen schön aus, kleine Teelichter könnten auf einem Regal, dem Kaminsims oder der Fensterbank stehen. Sie könnten auch einen Nikolausstiefel aus Organza nähen und ein duftendes Potpourri hineinfüllen – als winterliche Alternative zum traditionellen Lavendelsäckchen.

Größere Kinder schmücken Ihre Zimmer gern selbst, kleinere brauchen etwas Hilfe. Vor einem unbenutzten Kamin könnte man Lichterketten oder Wäscheklammer-Engel hängen, und selbst Babys können ausdauernd einem Mobile aus weißen Papier-Schneeflocken zuschauen, ohne zu ahnen, was es mit Weihnachten so auf sich hat.

Vergessen Sie bei alledem Ihr eigenes Schlafzimmer nicht. Wenn ein Kaminsims vorhanden ist, bietet es sich als Rahmen für duftende Kerzen und andere kleine Dekorationen an. So denken Sie morgens beim Aufstehen und abends vor dem Einschlafen daran, dass Weihnachten vor der Tür steht.

DIESE SEITE UND GEGENÜBER OBEN UND UNTEN RECHTS: Kleine Lavendelsäckchen mit Weihnachtsmotiven sind dekorativ und verbreiten würzigen Duft. Hier schmücken sie eine Holztaube auf einem Vertiko, dessen Türen mit Glaskugeln und einem selbst genähten Nikolausstiefel behängt sind.

Schmücken sie jede Ecke und jeden Winkel im Haus bis alle Türen, Fenster und Treppen wunderbar festlich strahlen

GEGENÜBER: Schalen mit Potpourri hier und da verteilt – das kennen wir schon. Eine originelle Idee sind diese Nikolausstiefel aus Organza, gefüllt mit einer würzig duftenden Mischung aus Kräutern, Blättern und ätherischen Ölen. Die Stiefelformen einfach aus dem Stoff ausschneiden, zusammennähen und füllen.
LINKS: Fertig gekaufte Holzsterne hängen zwischen Schals und Taschen auf der Rückseite einer Tür. Ein paar Tropfen ätherisches Öl geben dem saugfähigen Holz lang anhaltenden Weihnachtsduft.

Es zählt zu den besonderen Freuden des Lebens, sich mit guten Freunden oder lieben Verwandten zu einem leckeren Menü zu setzen. Das gilt natürlich auch zu Weihnachten, ganz gleich, ob das Festmahl mittags oder am Abend serviert wird.

Festliche Tische

Wenn man sich überlegt, wie viel Zeit und Geld das Weihnachtsessen kostet, dann macht es schon Sinn, sich auch bei der Tischdekoration besondere Mühe zu geben. Ein liebevoll gedeckter Tisch ist einfach das i-Tüpfelchen für den kulinarischen Genuss.

Die sinnvollste Lösung ist eine Tischdekoration, die mehrere Mahlzeiten während der Festtage überlebt. So lohnt sich die Mühe und die Feststimmung hält ein bisschen länger an. Sie müssen ja nicht zu allen Mahlzeiten die komplette Dekoration „auftischen". Beginnen Sie am Heiligabend dezent und bauen Sie sie immer weiter aus. Ein weißes Tischtuch mit passenden Servietten ist eine perfekte Basis für ein festliches Essen bei Kerzenlicht – selbst wenn es nur Würstchen und Kartoffelsalat gibt. Zum Essen am ersten Feiertag kann die Basisdekoration dann mit Tischläufern, farbigen Servietten, Tischkarten und edlem Blumenschmuck herausgeputzt werden.

GEGENÜBER GANZ LINKS: Die traditionelle Tischdekoration aus Ilex und Schneeball wirkt durch die leuchtend roten Anemonen und Kugeln frischer und moderner.
LINKS UND KLEINES FOTO GEGENÜBER: „Very british" und sehr traditionell ist der Tischläufer in gedämpftem Schottenkaro mit kräftigerem Rand. Karoband mit einer Anemone ersetzt den Serviettenring. Die weiße Schale in der Tischmitte enthält ein ungewöhnliches Arrangement aus Zierkohl, Kerzen und weiteren Anemonen.
OBEN: Selbst genähte Schäfchen schauen aus den Platzkarten-Ställen hervor. Nach dem Fest dürfen die Gäste sie mitnehmen.

Manche Familien besitzen ein besonderes Service, das nur zu Weihnachten aus dem Schrank geholt wird. In diesem Fall muss die Tischdekoration natürlich auf Farbe oder Muster des Geschirrs abgestimmt sein. Zu Tischwäsche in kräftigen Farben und üppigem Blumenschmuck würde ein Porzellan mit einem zierlichen hellblauen Muster einfach lächerlich aussehen. Viel passender wäre eine blaue Tischdecke und eine Dekoration aus duftigen, weißen Hyazinthen. Farblich abgestimmte Kerzen könnten dann für die Weihnachtsstimmung sorgen.

Auch ohne ein besonderes Festtagsgeschirr kann die Tafel sehr feierlich aussehen. Nehmen Sie das vorhandene Porzellan als Ausgangsbasis und orientieren Sie sich auch am Stil des Raumschmucks. Je schlichter das Geschirr, desto vielseitiger ist es. Schlichte, weiße Teller lassen sich im Gegensatz zu gemusterten mit fast jedem Stil vereinbaren – ob venezianisch-opulent oder minimalistisch.

OBEN: Platzkarten zum Abheben – mit kleinen Engelsflügeln aus Metallfolie. Die Flügel sind auf feinen Silberdraht geklebt, der durch die Karten gefädelt ist. Sie wippen beim kleinsten Lufthauch.
Rechts: Nicht genug Serviettenringe? Kein Problem. Blätter und Beeren, passend zum Tischschmuck, werden mit Gartenbast um die Servietten gewunden.
GEGENÜBER: Die Weihnachtstafel sollte ein Fest für alle Sinne sein – auch für die Nase. Schneiden Sie aus Floristenschaum Birnen zurecht, stecken Sie oben Zweige als Stängel hinein und bekleben Sie sie dicht an dicht mit Kardamomkapseln.
GEGENÜBER (KLEINES FOTO): Schlichte Gläser als stilvolles Behältnis für kleine Geschenke. In zarten, weißen Musselin sind silbern dragierte Schokoladenkugeln und Zuckermandeln eingewickelt.

LINKS: Frühlingsfrischer Blumenschmuck aus duftenden Hyazinthen und roten Beerenzweigen passt zu einer Tischdekoration im skandinavischen Stil.
OBEN: Weiß besprühte, dürre Zweige und rote Beeren heben sich von der roten Serviette großartig ab.
GEGENÜBER: Obwohl die dicken Stumpenkerzen, das dunkelgrüne Laub und die roten Rosen traditionelle Zutaten sind, wirkt dieses Gesteck durch die weißen Zweige kein bisschen altmodisch.

Beim Blumenschmuck für die Festtafel sollten Sie über den traditionellen Adventskranz hinaus denken. Es darf ruhig etwas lässiger sein, vielleicht sogar ein bisschen frühlingshaft. Aus Schneebeeren, altrosa Hortensien, Rosen und Schneeball kann man beispielsweise wunderbar frische und zugleich festliche Gestecke gestalten. Witzig sieht eine „Hecke" aus Mini-Alpenveilchen aus, die entlang der Tischmitte Spalier stehen. Sie könnten auch lange Efeuranken mit Mini-Lichterketten verschlingen und über den Tisch drapieren. Serviettenringe aus immergrünen Zweigen passen perfekt zu diesem Blumenschmuck.

Wenn Sie ein großes Familienfest mit vielen Kindern feiern, kann ein separater Kindertisch Stress (und Lärm) in Grenzen halten. Kinder unter fünf Jahren können selten still sitzen, und zu aufregenden Anlässen wie Weihnachten schon gar nicht.

Rot und Gold ist eine zuverlässige Kombination für den Schmuck von Tisch und Wohnung

LINKS: Witzige Platzkarten für den Kindertisch aus Filzsternen mit Monogramm, die auf Karten genäht werden.
RECHTS: Knallbonbons sind bei Kindern der Renner, und Fertig-Sets machen das Basteln leicht. Verteilen Sie sie unter dem Baum oder legen Sie einen auf jedes Gedeck.
UNTEN: Kleine Gäste werden von dem Plastikbaum mit kunterbunt verpackten Süßigkeiten und roten Kirschlollies hingerissen sein.

Während die Erwachsenen am liebsten stundenlang schlemmen würden, essen die Kleinen gar nichts – es sei denn, das Menü besteht komplett aus Süßigkeiten. An einem separaten Tisch haben die Kinder ihren Spaß, während die Eltern am großen Tisch mehr Ruhe genießen. Sind mehrere Teenager dabei, werden auch sie einen Tisch für sich zu schätzen wissen – für ungestörte Gespräche und Lästern über die Alten. Und wenn kein zusätzlicher Tisch vorhanden ist, kann auch ein niedriger Couchtisch mit Bergen dicker Kissen sehr gemütlich sein.

Auch Tischkarten lohnen etwas Überlegung. Man kann zwar in guten Haushaltswarengeschäften spezielle Kartenhalter kaufen, doch wer feiert schon so oft in großem Stil, dass sich diese Anschaffung lohnt. Außerdem macht es Spaß, Tischkarten selbst zu gestalten. Selbst ein simpler Paketanhänger, mit Band und einer Blüte an die Serviette gebunden, kann edel aussehen. Es gibt zahllose Möglichkeiten: Schreiben sie Namen auf Knallbonbons oder kleine Geschenke, binden Sie Schilder in kleine Kränze an den Stuhllehnen. Solche Kleinigkeiten zeigen den Gästen, dass es wirklich ein großes Fest ist – und nicht nur ein besseres Sonntagsmenü.

DIESE SEITE: *Wenn die jüngeren Familienmitglieder zum Weihnachtsmenü einen eigenen Tisch bekommen, können Sie sich bei der Gestaltung austoben – vielleicht mit fröhlichen Bonbonfarben und einem Kunsttannenbaum voll kunterbunter Süßigkeiten. In den Pappbechern stecken Papierservietten und Wachsmalstifte, mit denen die Kinder die weiße Papiertischdecke und die Pappteller selbst verzieren dürfen.*

Schmeichelndes Kerzenlicht wertet jede Feier auf, doch zu Weihnachten wird aus dem Vollen geschöpft. Schon eine Gruppe Teelichter in hübschen Gläsern kann festliche Stimmung und heimeliger Atmosphäre verbreiten.

Kerzen

UNTEN: Zu einer Tischdekoration mit roten Beeren passen am besten farblich genau abgestimmte Kerzen.
RECHTS: Eine gewöhnliche Stumpenkerze sieht gleich viel edler aus, wenn sie einen Mantel aus Bienenwachs erhält. Dazu einfach eine Bienenwachsplatte auf der Heizung erwärmen, um die Kerze legen und hinten mit Stecknadeln fixieren.
GANZ RECHTS: Es muss ja nicht immer Tanne sein – Ihr Blumengeschäft hat viel mehr zu bieten! Hier leuchten Schwimmkerzen zwischen leuchtend roten Anemonen und Mini-Zierkohl.

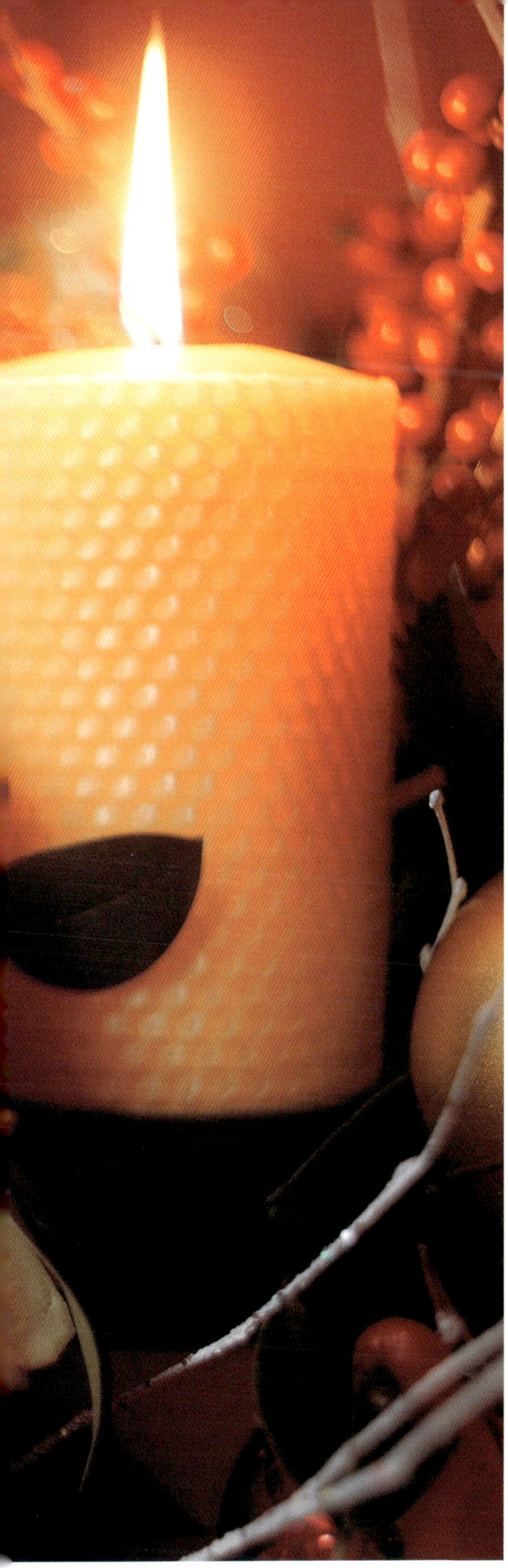

Kerzen spielen rund ums Jahre eine Rolle, mal zum Beduften von Räumen, mal wegen der schönen Atmosphäre, die sie verbreiten. Schon darum sollte die Kerzendekoration zu Weihnachten außergewöhnlich festlich sein. Versuchen Sie, Kerzen mit Gewürzdüften zu bekommen, die es in Drogeriemärkten für wenig Geld gibt.

Der traditionelle Platz für Kerzen ist natürlich der Baum. Aber so hinreißend ein Weihnachtsbaum mit echten Kerzen aussehen mag, man darf ihn keine Sekunde aus den Augen lassen. Wer sich trotzdem für echte Christbaumkerzen entscheidet, sollte einige Regeln beachten. Verwenden Sie nur spezielle Kerzenhalter, befestigen Sie Kerzen immer senkrecht und nie unter überhängenden Zweigen oder Christbaumschmuck. Damit die Nadeln nicht zu schnell austrocknen, stellen Sie den Stamm in einen Eimer mit Wasser, der regelmäßig aufgefüllt wird. Viel einfacher und ungefährlicher ist es aber, echte Kerzen nur auf Tische, Kaminsims und Fensterbänke zu stellen.

Man bekommt heute Kerzen in allen Farben, Größen und Formen, passend zu jedem beliebigen Dekorationsthema und jeder Wohnungseinrichtung, und viele sind sogar sehr dekorativ, wenn sie gar nicht brennen.

Weiß und Creme sind die traditionellen Farben für die Kerzen auf der Festtafel. Sie könnten sie aber auch auf den Farbton des Blumenschmucks oder die Einrichtung des Raums abstimmen. Weiße Kerzen sehen zwar edel und zeitlos aus, Kerzen in dunklen Farben haben jedoch eine besonders dramatische Ausstrahlung.

Aus Skandinavien kommt die Tradition, Kerzen in die Fenster zu stellen. Lichterbögen mit elektrischen Kerzen sind inzwischen auch bei uns in der Adventszeit überall zu haben. Stattdessen könnten Sie aber auch Teelichter in kleinen Gläsern oder in Papiertüten mit ausgeschnittenem Muster auf der Fensterbank aufreihen. Besonders reizend sehen Kerzen vor Spiegeln aus, die den Schein der Flamme verdoppeln und zurück in den Raum werfen. Wer keinen geeigneten Spiegel besitzt, könnte eine Gruppe Teelichter auf ein Silbertablett oder eine verspiegelte Fläche stellen.

Schmeichelhaft warmes, atmosphärisches Kerzenlicht darf zu Weihnachten nicht fehlen

OBEN: Die dicke Kerze im schlichten Windlicht sitzt auf einem Nest aus getrockneten Hortensienblüten.
RECHTS: Die goldenen Krönchen auf den Teelichthaltern sehen nicht nur pfiffig aus, sie verstecken auch das verräterische Gewinde der Marmeladengläser.
GANZ RECHTS: Packpapier-Tüten mit ausgestanzten Mustern kann man im Fachhandel kaufen, aber auch leicht selbst machen. Diese Kerzendekoration darf nie unbeaufsichtigt bleiben.

Kerzen kann man leicht selbst machen, allerdings ist die Arbeit mit heißem Wachs nichts für kleinere Kinder. Das nötige Zubehör bekommt man in guten Bastelgeschäften und bei Spezialversendern für Bastelbedarf. Sie brauchen sich nur noch für einen Stil zu entscheiden. Eine schöne Alternative sind perlmutt-schimmernde Muschelschalen, in die etwas Wachs gegossen wird. Sie könnten auch kleine Kürbisse aushöhlen, mit Wachs füllen und als ungewöhnliches Zentrum für ein Blumenarrangement verwenden.

Einfacher ist es, gekaufte Kerzen individuell zu verzieren. Dabei können auch Kinder gut helfen. Bienenwachsplatten aus dem Bastelgeschäft sind schnell um dicke Stumpenkerzen gewickelt. Und auf einfache weiße Kerzen kann man mit Plakafarben Tannenzweige, Ilex-Blätter oder Schneekristalle malen.

GEGENÜBER: Blumentöpfe mit Beeren und Blüten sind eine gute Alternative zu konventionellen Leuchtern. Echte Bienenwachskerzen passen besonders gut zu dem rustikalen Stil.
LINKS: Große Gruppen aus Kerzen machen immer Eindruck. Hier ein modernes Arrangement aus verspiegelten Gläsern mit rosa Innenseite auf einem durchbrochenen Metalltablett.
OBEN: Ein antiker Wandleuchter kommt mit roter Kugel, passender Kerze und feiner Schleife ganz festlich daher.

LINKS UND UNTEN RECHTS: Ein Adventsbaum ist eine bezaubernde Idee für das Kinderzimmer. Wählen Sie einen sehr luftig gewachsenen Minibaum, denn die nummerierten Päckchen sollen nicht nur gut zu sehen sein, sondern müssen sich auch abnehmen lassen, ohne den Baum umzuwerfen.

Kaum eine Dekoration drückt die spannungsvolle Erwartung der Vorweihnachtszeit so gut aus wie der Adventskalender. Mit jedem Türchen, das die Kinder öffnen, wissen Sie, dass das Fest wieder einen Tag näher gerückt ist.

Adventskalender

Die Tradition des Adventskalenders geht auf das 19. Jahrhundert zurück, als fromme Familien die letzten Tage bis zum Fest bewusst zählten. Manche malten einfach Kreidestriche an die Tür, andere brannten eine lange Kerze mit 24 Kerben Tag für Tag ein Stück herunter, wieder andere entzündeten an jedem Adventssonntag eine neue Kerze.

Erst nach 1880 entstanden die ersten Adventskalender, wie wir sie heute kennen, doch schon 20 Jahre später gab es recht aufwändige Modelle. Heute werden so viele Hässlichkeiten mit einer Füllung aus Billigschokolade angeboten, dass es in doppelter Hinsicht schwer fällt, etwas Geschmackvolles zu finden. Natürlich lieben die Kinder die Schoko-Kalender, doch sie sind weder festlich noch ansehnlich.

Es macht viel mehr Spaß, die Kinder mit einer unerwarteten Alternative zu überraschen, die ebenso viel Spannung vermittelt und viel besser auf das Fest einstimmt. Ein Mini-Tannenbaum mit 24 nummerierten Fäustlingen oder Socken, die Süßigkeiten, weihnachtliche Dekorationen oder andere Kleinigkeiten enthalten,

LINKS UND OBEN: Anstelle eines kleinen Tannenbaums könnten Sie die Päckchen auch in einen Strauß aus Zweigen hängen, die Sie mit den Kindern gemeinsam sammeln oder beim Blumenhändler kaufen. Stecken Sie die Zweige in einen Zinkeimer oder ein anderes Gefäß mit Sand und hängen Sie die nummerierten Kleinigkeiten mit hübschen Bändern daran auf. Hier haben wir winzige Babysocken mit Filzpunkten beklebt und mit kleinen Geschenken gefüllt.

ist viel faszinierender als die gekauften Kalender mit ihrem vorhersehbaren Inhalt. Ebenso hübsch sieht es aus, wenn Sie die kleinen Päckchen an eine Girlande binden oder in Mini-Zinkeimern an eine Stange hängen. Größere Kinder und Erwachsene freuen sich über eine Schnur, an die 24 Umschläge geklammert sind – mit witzigen Rätseln, Zahlen-Tüfteleien oder Quizfragen, mit denen man sich die Wartezeit auf die Bescherung vertreiben kann.

Selbst ein traditioneller Adventskalender mit Türchen ist ganz leicht selbst gemacht. Wählen Sie ein Motiv – etwa die Fassade Ihres Hauses – und bitten Sie die Kinder, es zu malen. Sie könnten sogar ein Digitalfoto in ausreichend großem Format ausdrucken. Schneiden Sie 24 kleine Türchen und nummerieren Sie sie. Dann werden die Positionen der Türchen auf einem zweiten Bogen angezeichnet und mit kleinen selbst gemalten oder aus Katalogen und Zeitschriften ausgeschnittenen Bildern gefüllt. Ehe Sie die beiden Teile zusammenkleben, drücken Sie alle Türchen zu, damit sie nicht vorzeitig aufspringen.

Nehmen Sie Ihr Haus als Vorlage füe einen selbst gemachten Adventskalender

OBEN LINKS: Ein handgemalter Kalender ist viel persönlicher als alles, was man kaufen kann – vor allem, wenn hinter jeder Tür ein Motiv steckt, das zur Familie passt.
LINKS: Die einfachsten Lösungen sind oft die besten. Hier hängen kleine Geschenke auf einem simplen Brett mit 24 nummerierten Haken.

GEGENÜBER: Eine witzige Idee ist auch dieser Adventskalender aus kleinen Zinkeimern, die an einer Stange hängen. Die Eimer sind für wenig Geld zu haben und können jedes Jahr wieder benutzt werden. Dieser Kalender wird sich bestimmt einen Platz in der Familientradition erobern. Stoffreste in bunten Farben dienen als Verpackung für den Inhalt.

19
3
22

Alle Kinder finden es aufregend, am Nikolausabend den Stiefel ans Fenster oder vor die Tür stellen. Und – seien wir ehrlich – uns Eltern macht das Füllen der Stiefel auch viel Spaß. Vor allem kleinere Kinder marschieren am nächsten Morgen voll Spannung zu ihrem Stiefel, immerhin hat ihn in der Nacht der Nikolaus höchstpersönlich gefüllt …

Nikolaus-Stiefel

Die Tradition des Nikolausstiefels ist uralt. Sie geht zurück auf Bischof Nikolaus, der um das Jahr 270 in Myra in der heutigen Türkei die Armen unterstützte, in dem er sich nachts in ihre Häuser schlich und ihnen Münzen in die Schuhe oder Strümpfe legte. Für seine Mildtätigkeit wurde er später heilig gesprochen. An seinem Namenstag stellen Kinder bis heute Schuhe oder Stiefel auf und hoffen, am nächsten Morgen darin eine Überraschung zu finden. Verschiedene kulturelle Einflüsse haben dazu geführt, dass der Nikolaus viel später einen Bruder bekam: den Weihnachtsmann.

In vielen Familien hat sich inzwischen die Tradition entwickelt, statt eines echten Schuhs einen hübsche Nikolaus-Stiefel aus Stoff aufzuhängen. Wer etwas Geschick mit Nadel und Faden besitzt, kann solche Stiefel leicht selbst machen: einfach eine Schablone auf Pappe zeichnen, Stoff zuschneiden, rechts auf rechts zusammennähen und wenden. Danach können weitere Verzierungen wie Filzherzen und -sterne aufgenäht, aufgestickt oder aufgeklebt werden.

OBEN UND OBEN RECHTS: Der Patchwork-Stiefel ist auch ungefüllt sehr dekorativ. Er wird sich bestimmt zu einem geliebten Familienerbstück entwickeln. Wer im Nähen nicht so geschickt ist, sollte sich einmal auf Weihnachtsmärkten nach ähnlichen Modellen umsehen.
GEGENÜBER: Die niedlichen Stiefel sind eine schöne Adventsdekoration für die Küche. Selbst wer nur Grundkenntnisse im Nähen hat, kann sie aus farbigen Stoffresten im Handumdrehen schneidern.

LINKS UND GEGENÜBER: Kunterbunte Cordstiefel mit zottigem Kunstpelz-Rand sehen am Kaminsims hübsch aus und dürfen nach dem Nikolaustag gern länger noch ein Weilchen hängen bleiben. Auch für dieses Modell müssen Sie nur eine Schablone zeichnen, den Stoff zuschneiden, mit der Maschine zusammennähen und wenden. Der Fellrand kann angenäht oder aufgeklebt werden.

UNTEN: Hier wartet zur Abwechslung eine ganze Sammlung Socken auf den Nikolaus. Weil alle Socken aus reiner Wolle bestehen und sanfte Farben haben, wirkt die Dekoration witzig, aber nicht aufdringlich. Wickeln Sie den zweiten Socken doch als Geschenk ein – dann kann der „Nikolausstrumpf" nach dem Festtag gleich für warme Füße sorgen.

Wenn Stiefel oder Strümpfe Monogramme tragen, gibt es am Nikolausmorgen bestimmt keinen Streit über den Inhalt. Ein Patchwork-Stiefel macht natürlich wesentlich mehr Arbeit, doch letztlich lohnt sich die Mühe, denn ein so schönes Stück wird Jahr für Jahr hervorgeholt und an die nächste Generation vererbt.

Wenngleich Stiefel und Strümpfe zur Nikolaustradition gehören, verwenden manche Familien auch kleine Säcke oder sogar Kissenbezüge. Nikolaussäcke sind ganz einfach zu nähen. Sackleinen gibt es in jedem Kaufhaus, aber ein altes Laken eignet sich genauso gut. Füttern Sie den Sack mit einem hübschen Stoff ab oder nähen Sie eine bunte Borte darauf.

Wenn am Nikolaustag Gäste kommen, freuen sie sich über einen Mini-Sack mit einer kleinen Aufmerksamkeit. Sie könnten beispielsweise Filzsäckchen mit einigen Süßigkeiten auf den Nachtschrank stellen – oder nachts vor der Gästezimmertür platzieren. So hat jeder am Nikolausmorgen etwas auszupacken – denn glauben Sie nur nicht, dass man dafür je zu alt wird! Filz ist preiswert, in herrlichen Farben zu haben und kinderleicht zu verarbeiten.

Und wo sollen die schönen Nikolaus-Strümpfe nun aufgehängt werden? Auch da hat jede Familie ihre Traditionen. In der einen ist es die Fensterbank, in der anderen das Kaminsims, in wieder anderen Familien das Fußende des Betts. Kinder finden es natürlich herrlich, morgens mit den Füßen nach dem gefüllten Stiefel zu tasten. Doch Eltern, die lieber nicht morgens um vier von Freudengeheul geweckt werden möchten, wissen die weniger leicht zugänglichen Plätze zu schätzen. Erinnern Sie die Kinder aber unbedingt daran, am Abend ein Glas Wein für den Nikolaus und einige Mohrrüben für die Rentiere bereit zu legen – und freuen Sie sich am nächsten Morgen an den staunenden Augen über das leere Glas und die angeknabberten Mohrrüben.

OBEN: Diese bezaubernden Engel sind eine besonders hübsche Variante des Nikolausstiefels. Sie sind aus Resten von Saristoff genäht und mit Perlen und Pailletten erziert. Im Rücken haben sie einen Schlitz zum Einfüllen von Süßigkeiten und kleinen Geschenken. Die Köpfe werden aus einfarbigem Stoff genäht und mit Watte ausgestopft, dann werden die Gesichter mit Filzstift aufgemalt.

OBEN: Kleine Filzbeutel, gerade groß genug für eine Trüffelpraline oder eine Miniseife, beziehen auch Übernachtungsgäste in die Familientradition ein.
GEGENÜBER: In manchen Familien bringt der Nikolaus auch größere Geschenke. In solchen Fällen ist ein Sack am Fußende sicherlich ratsam.

Kinder finden es **herrlich**, morgens mit den Füßen nach dem **gefüllten Stiefel** zu tasten

Es ist ein Vergnügen, die Läden nach hübschen oder ungewöhnlichen Weihnachtsdekorationen zu durchstöbern, aber vergessen Sie nicht, dass das Basteln ebenso viel Spaß macht. Außerdem ist das Basteln eine gute Möglichkeit, um aufgeregte Kinder vor dem Fest zu beschäftigen. Selbst kleine Kinder sind Feuer und Flamme, wenn es darum geht, mit reichlich Klebstoff bunte Girlanden zu basteln oder Pfefferkuchen für den Tannenbaum zu backen.

Selbst gebastelt

Ein gemeinsamer Bastelnachmittag mit den Kindern ist eine wunderbare Sache. Das Alter spielt kaum eine Rolle: Alle sind mit Feuereifer dabei, wenn ausgeschnitten, geklebt oder gebacken wird. Und auch Sie werden sich in Ihre Kindheit zurückversetzt fühlen. Schulkinder haben oft schon in der Schule Adventsschmuck für das Klassenzimmer gebastelt und haben nun Freude daran, zu Hause zu zeigen, was sie können. Es könnte aber sein, dass sie recht fest gefügte Vorstellungen über die „richtige" Dekoration haben. Meist spielt reichlich Lametta dabei eine Hauptrolle. Wenn Sie es irgend aushalten, lassen Sie ihnen den Spaß.

Falls der Glitzerlook nicht das ganze Haus erobern soll, machen Sie Alternativvorschläge. Baumschmuck aus zusammengeklebten Tannenzapfen mit bunten Aufhängebändern sind ein guter Kompromiss: sie gefallen auch Erwachsenen und gelingen selbst kleineren Kindern. Etwas schwieriger, aber ebenso hübsch sind kleine Engel oder Weihnachtsmänner aus altmodischen Holzwäscheklammern, die es in Bastelgeschäften und gelegentlich in Kurzwarenabteilungen zu kaufen gibt. Kaufen Sie gleich mehrere Pakete, weil das Basteln wirklich viel Spaß macht und die Kinder immer neue Ideen entwickeln. Ein oder zwei Engel werden ihnen nicht genügen – es könnte sogar auf einen ganzen Engelschor hinauslaufen.

DIESE SEITE: Für diese unwiderstehlichen Schneemänner brauchen Sie Pompon-Scheiben und reichlich Wolle – am besten auch rote für Weihnachtsmänner. Und dann lassen Sie die Kinder wickeln…
OBEN RECHTS: Wäscheklammer-Engel sind ein bezaubernder Baumschmuck.
UNTEN RECHTS: Krippentiere aus alten Korken auf staksigen Beinen aus abgebrannten Streichhölzern. In den Rücken wird eine Kerbe geschnitten, in den der Kopf aus fester Pappe geschoben wird. Mit einem Namenszug auf dem Rücken eignen sich die Tierchen auch als Platzanweiser für die Festtafel.

Steven
David

Lassen Sie den Kindern beim kreativen Basteln Freiraum - aber stellen Sie sich auf Schmiererei ein

Bäume, Sterne und Nikolausstiefel aus Filz sind zwar unglaublich einfach auszuschneiden, haben aber einen wunderbar altmodischen Charme und sehen als Baumschmuck bezaubernd aus. Kleinere Kinder kleben sie an den Rändern zusammen und dekorieren sie mit Glitzerklebstoff, größere Kinder können sie mit kontrastfarbigem Garn zusammennähen. Pompon-Schneemänner sind zwar kitschig, aber irgendwie auch unwiderstehlich – außerdem sind Kinder beim Wickeln der Wolle stundenlang gut beschäftigt. Stabile Kunststoffscheiben für Pompons bekommt man in Woll- und Handarbeitsgeschäften. Für jede Figur werden drei Pompons in verschiedenen Größen benötigt, die aufeinander geklebt und mit Details aus Filz verziert werden. Wer gut stricken kann, könnte die Schneemänner noch mit kleinen Schals und Pudelmützen ausstatten.

Wo könnten die selbst gebastelten Dekorationen besser hängen als im Kinderzimmerfenster? Eine Wolke aus duftigen Seidenpapier-Schneeflocken sieht besonders hübsch aus. Schneiden Sie dazu aus Seidenpapier viele Quadrate zu.

GEGENÜBER OBEN: *So eine Kette aus Papierlaternen ist leicht zu basteln und passt sehr gut zu einer Weihnachtsdekoration ganz in Weiß. Ein Stück weißes Papier zur Hälfte falten, von der geknifften Seite her in regelmäßigen Abständen einschneiden, dabei an beiden Enden einen breiteren Rand lassen. Das Papier wieder aufklappen, an den Schmalseiten zu einer Röhre zusammenkleben und leicht aufstauchen. stauchen. Einen Henkel aus einem Papierstreifen ankleben – fertig.*
GEGENÜBER UNTEN: *Aus Eisstielen mit Flitter werden funkelnde Eis-Sterne.*
DIESE SEITE: *Das Schneiden der zarten Schneeflocken verlangt etwas mehr Geschick.*

Jedes Quadrat diagonal zur Hälfte falten, dann nochmals zur Hälfte falten, sodass ein kleineres Dreieck entsteht. Jetzt die lange Seite nach unten legen und beide Seiten zur Mitte falten. So entsteht ein schmales Dreieck mit zwei „Schwänzen", die abgeschnitten werden. Anschließend an den Seiten dieses Dreiecks mit der Schere verschiedene, kleine Formen ausschneiden. Danach das Seidenpapier vorsichtig auseinanderfalten.

Glitzersterne sind eine schöne Alternative zu den Schneeflocken. Sie sind viel einfacher zu basteln: man muss zur Eisstiele zu Sternen mit sechs Zacken zusammenkleben, silbern oder golden anmalen und mit reichlich Flitter bestreuen.

Wenn es darum geht, Chaos in der Küche anzurichten, sind Kinder Feuer und Flamme – darum steht Plätzchenbacken besonders hoch im Kurs. Halten Sie in Haushaltswarengeschäften und Katalogen die Augen nach originellen Weihnachts-Ausstechförmchen offen. Und weil die leckeren Plätzchen so schnell aus dem Baum stibitzt werden, sollten Sie lieber einige Bleche auf Vorrat backen.

GEGENÜBER: Baumschmuck aus Filz ist leicht zu basteln – nur ausschneiden, zusammenkleben oder -nähen und verzieren.
OBEN: Papiersterne sehen sehr edel aus und sind ganz schnell gemacht. Ein rechteckiges Blatt Papier wie eine Ziehharmonika falten, eine Seite schräg abschneiden, auffächern und zusammenkleben.
RECHTS: Ob Weihnachtsmann, Engel oder Schneemann: Auch die niedlichen Wäscheklammer-Figuren sind im Handumdrehen fertig.

Liebevolle Geschenke

Mit einer liebevollen Verpackung wird auch aus einem bescheidenen Geschenk eine kleine Kostbarkeit. Dabei ist es weder aufwändig noch teuer, Geschenke in schönes Papier zu wickeln, mit einer passenden Schleife und einem persönlichen Geschenkanhänger zu verzieren.

Obwohl das Angebot kommerzieller Weihnachtskarten von Jahr zu Jahr wächst, sind selbst gemachte Karten doch viel individueller und persönlicher. Außerdem macht das Basteln Spaß – und beeindruckt Freunde und Verwandte.

Weihnachtskarten

OBEN: *Kinder mögen gern drucken und kleben – beim Basteln von Weihnachtskarten dürfen sie beides ausgiebig und sind außerdem eine Weile gut beschäftigt. Wenn Ihnen die Kleckserei Sorgen macht, denken Sie daran, dass sie einem guten Zweck dient. Hier wurden Tannenbäume mit Kartoffeln auf Karten gedruckt und anschließend mit Silberflitter und Sternchen geschmückt.*

LINKS: Bunte Stoffreste sind die Hauptzutaten für diese originellen Karten. Aus den Stoffen wurden kleine Nikolausstiefel geschnitten und auf festen Karton geklebt.
OBEN: Origami-Papier ist zwar dekorativ, aber nicht sonderlich weihnachtlich – es sei denn, man schneidet Tannenbäume und Sterne aus und klebt sie auf kontrastfarbige Karten.

Selbst gemachte Karten müssen gar nicht aufwändig sein, um Freude zu bereiten. Kinder mögen sich gern einen Regennachmittag lang mit Pappe, Klebstoff und Flitter beschäftigen. Außerdem eignen sich Karten wunderbar, um allerlei Reste von Stoff und buntem Papier zu verbrauchen, die sich im Lauf des Jahres angesammelt haben.

Jüngere Kinder kommen mit Schablonen und Kartoffeldruck gut zurecht. Einfache Formen wie Tannenbäume oder Ilexblätter lassen sich schnell mit Klebstoff und Flitter aufpeppen. Dass dabei auch die Finger bald klebrig werden, macht Kindern weniger aus als den Eltern.

Ältere Kinder können sich stundenlang mit komplizierteren Collagen beschäftigen. Ausstechförmchen eignen sich gut als Schablonen für Vögel, Sterne und Tannenbäume, und anschließend können die Motive mit allen Materialien verziert werden können, die gerade zur Hand sind. Hübsch sind auch aufgeklebte Schneemänner aus geknülltem Seiden- oder Küchenpapier oder Watte. Dreiecke aus grünem Krepppapier lassen

OBEN: Kaufen Sie Anfang Dezember einen Vorrat Filz ein. Er ist preiswert, leicht zu verarbeiten und für viele Basteleien gut geeignet – beispielsweise für Karten mit Weihnachtsmann-Collagen oder aufgenähten Sternen.

GEGENÜBER: Die Karte mit dem Bergmotiv sieht kompliziert aus, ist aber ganz einfach herzustellen. Sie brauchen nur einen Cutter, eine Schneidematte und eine Motividee.

sich leicht zu grafischen Bäumchen zusammensetzen, die mit winzigen Kugeln und Lametta aus Bonbonpapier und Alufolie geschmückt werden. Aus Stoffresten und buntem Origami-Papier kann man weihnachtliche Formen ausschneiden, vielleicht Stiefel, Päckchen oder Kronen, und auf Karten in leuchtenden Farben kleben.

Besonderen Spaß macht es, für liebe Freunde spezielle Karten zu gestalten, weil man dann Anspielungen einbringen kann, die nur der Freund versteht. Gute Anregungen findet man beim Durchstöbern alter Fotos. Haben Sie nicht auch eine Kiste mit Fotos, die Sie nie ins Album geklebt haben und vermutlich nicht vermissen werden? Suchen Sie nach Aufnahmen von Freunden mit witziger Haltung oder erstauntem Gesichtsausdruck – und verwandeln Sie sie in singende Engel oder Hirten an der Krippe. Aus Resten von Stoff und Geschenkpapier schneiden Sie Kleider für Ihre Kreationen aus. Denken Sie bitte auch an den unvermeidlichen Stern aus Alufolie oder Flitter.

Auch 3-D-Karten bieten sich für allerlei kreative Spielereien an. Auf einem langen Streifen fester Pappe werden zwei Linien vorgeritzt, um ihn zu Dritteln zu falten. Auf die Rückseite des mittleren Feldes wird dunkelrotes oder dunkelgrünes Papier geklebt. Dann schneiden Sie mit einem Cutter die Silhouette eines Berghanges mit Bäumen und kleinen Häusern aus. Beim Falten der Karte heben sich die Schnittkonturen von dem kontrastfarbigen Papier ab.

Kleine Kinder haben Spaß an Schablonen und Kartoffeldruck. Einfache Formen wie Tannenbäume oder Ilexblätter lassen sich schnell mit Klebstoff und Glitter aufpeppen

RECHTS: Die Weinflasche ist eigentlich konventionell verpackt, originell sind aber die aufgeklebten Kontraststreifen an den Papierrändern. Anstelle einer Schleife wurde ein breiter Streifen Papier um den Flaschenhals geknotet, ein Stück Tannenbaumschmuck rundet die Verpackung ab.

Das Einwickeln der Geschenke gehört zu den schönsten Ritualen der Jahreszeit. Am meisten Spaß macht es, wenn man Berge von Bändern und Papier zusammenträgt und alle Päckchen in einer Großaktion verpackt, statt jedes gleich nach dem Kauf einzuwickeln.

Schön verpackt

Natürlich müssen die meisten Päckchen frühzeitig eingepackt werden, doch einige sollten Sie sich für den letzten Moment aufbewahren, um die Aufregung zu genießen. Über die Art der Verpackung muss natürlich schon viel früher entschieden werden. Am schönsten sieht es aus, wenn Sie für alle Päckchen- große und kleine – einen einheitlichen Stil wählen.

Als Orientierung für die Wahl der Papierfarben oder des Stils könnte der Baumschmuck dienen. Päckchen in leuchtend rotem oder grünem Papier mit kontrastfarbenen Bändern sehen am Fuß eines traditionell oder nostalgisch geschmückten Baums sehr stimmig aus. Zu einem Baum in Weiß und Gold passt eine üppigere Verpackung, vielleicht mit bauschigen Schleifen aus Organza oder Samt- und Seidenbändern. Ein Baum im Shaker-Stil mit Tannenzapfen und Pfefferkuchenfiguren verlangt nach ganz schlicht eingewickelten Geschenken. Für Verpackungen im Stil von Nikolaus-Stiefeln gibt es nur eine Wahl: wunderbar weiches, knitteriges Seidenpapier. Die Farbe spielt kaum eine Rolle. Denken Sie auch daran, dass solche „Stiefel" sehr schnell ausgepackt werden. Aufwändige Verzierungen sind bei ihnen vergeudet.

GEGENÜBER: Wer ein paar Tricks kennt, muss nicht viel Geld für schöne Verpackungen ausgeben. Hier wurden mehrere Bögen Seidenpapier in abgestuften Rosatönen so aufeinander gelegt, dass beim Umschlagen des Randes ein Streifeneffekt entsteht. Aus Reststreifen wurden Rosetten gedreht.
OBEN: Gutscheine kommen in selbst gemachten Umschlägen aus edlem Geschenkpapier gleich viel besser an. Nehmen Sie einen einfachen Umschlag als Vorlage.

GEGENÜBER: Mini-Päckchen in weißem Seidenpapier, hier stilvoll auf weißen Tellern serviert und mit roten Sternengirlanden und zarten Glaskugeln angerichtet.
LINKS: Schachteln für kleine Aufmerksamkeiten sind teuer. Es reicht, ein Exemplar zu kaufen – als Vorlage zum Selbermachen. Einfach die Schachtel vorsichtig auseinander falten und danach eine Schablone auf Papier zeichnen. Anschließend die Grundform aus fester Pappe zuschneiden, falten und zusammenkleben. Schachteln aus Wellpappe sehen mit schmalen Samtbändern besonders edel aus.

Nicht alle Geschenke lassen sich leicht verpacken. Manche haben eine ungleichmäßige Form, andere sind sehr klein oder empfindlich. Für solche schwierigen Fälle sind feste Schachteln praktisch. Sie haben außerdem den Vorteil, dass niemand aus der Form des Päckchens Rückschlüsse auf den Inhalt ziehen kann. Sie können Geschenkschachteln fertig kaufen oder im Lauf des Jahres Schachteln sammeln und mit Geschenkpapier bekleben. Auch Beutel und Tüten sind nützlich für Geschenke in ungewöhnlichen Formen. Kaufen Sie weiße oder einfarbige Tüten, die Sie mit Sternen, Flitter und Bändern passend zu den übrigen Geschenkverpackungen aufpeppen. Aufwändiger, aber sehr dekorativ sind Collagen aus Geschenkpapier in verschiedenen Farben und Texturen, vielleicht in Form eines Weihnachtsbaums. Passende Anhänger entstehen im Handumdrehen aus Materialresten, Sie könnten den Namen des Beschenkten aber auch in das Motiv integrieren. Stoffbeutel eignen sich, um Reste von Stoff und Filz aufzubrauchen. Verschlossen werden sie einfach mit einer Schleife aus einem passenden Band.

Um die Form eines Geschenkes nicht zu verraten, könnten Sie es auch wie einen großen Knallbonbon einpacken. Das ist ganz einfach, sieht aber sehr beeindruckend aus.

Zuerst brauchen Sie eine Pappröhre – für kleine Geschenke beispielsweise von Toilettenpapier. Dann falten Sie ein Stück Geschenkpapier wie eine Ziehharmonika. Das ist wichtig, damit die Enden schön bauschig werden. Legen Sie das Papier mit der bedruckten Seite nach unten auf den Tisch und fixieren Sie die Falten mit einem Stück Klebestreifen. Dann legen Sie die Röhre, in der sich das Geschenk befindet, auf das Papier und rollen sie ein. Das Papierende mit Klebestreifen fixieren und die beiden Enden mit Bändern abbinden. Lässiger sehen solche „Bonbons“ aus Seidenpapier aus, dass sich zwar leichter handhaben lässt, aber auch leicht reißt. Es eignet sich nur für weiche Geschenke wie Handschuhe oder Socken.

Geschenkgutscheine sind eine Lösung, wenn Ihnen die zündende Idee fehlt, allerdings sieht ein weißer Umschlag neben einem Berg von Geschenken verloren und mager aus. Aber es geht auch anders.

GEGENÜBER LINKS: Eine Flasche selbst gemachtes Kräuteröl kommt ohne Verpackung aus. Hier genügt ein schöner Geschenkanhänger aus Holz, der mit einem hübschen Band angebunden wird. GEGENÜBER OBEN RECHTS: Gewöhnliche Gepäckanhänger aus braunem Papier eignen sich bestens für Geschenke. Malen oder kleben Sie einfach weihnachtliche Motive darauf. Solche einfachen Anhänger passen ausgezeichnet zu dem bescheidenen Packpapier, in das diese Geschenke gewickelt sind. LINKS UND UNTEN: Dreidimensionale Anhänger sind etwas ganz Besonderes. Dieses Ilexblatt wurde mit Farbe besprüht und einfach auf einen fertigen Geschenkanhänger geklebt.

Nikolausstiefel aus Seidenpapier knistern beim Auspacken wunderbar

Wer einen Gutschein, Theaterkarten oder einfach einen knisternden, nagelneuen Geldschein verschenkt, sollte sich die Mühe machen, ihn hübsch zu verpacken. Kaufen Sie einen besonderen Umschlag und verzieren Sie ihn mit aufgeklebten Pailletten, Federn, einem goldenen Schriftzug und Flitter. Sie können auch edle Umschläge aus Geschenkpapier selbst machen. Nehmen Sie einfach einen gewöhnlichen Umschlag in passender Größe als Vorlage: vorsichtig auseinander falten, notfalls mithilfe eines Cutters. Den ausgebreiteten Umschlag auf die Rückseite des Geschenkpapiers legen, den Umriss nachzeichnen, ausschneiden und zusammenkleben. Zum Verschließen eine Perle auf einen Silberfaden ziehen und den Faden mehrmals um den Umschlag schlingen.

Stellen Sie sich vor, es ist Heiligabend und Ihnen geht das Geschenkpapier aus. Weltuntergang? Keineswegs. Gewöhnliches Zeitungspapier lässt sich sehr gut falten, und ein großer Berg von Päckchen in Zeitungspapier kann so witzig aussehen, dass alle annehmen werden, der Effekt sei beabsichtigt. Besonders nobel ist das zarte Lachsrosa der Financial Times, das bestens mit breitem, rotem Samtband harmoniert.

GEGENÜBER OBEN: Ein Päckchen in Knallbonbon-Form verrät nichts über seinen Inhalt und passt obendrein besonders gut zum Fest. Wie es gemacht wird, lesen Sie auf Seite 108. GEGENÜBER UNTEN LINKS: Einfarbige, gekaufte Geschenktüten lassen sich mit weihnachtlichen Collagen sehr individuell aufpeppen. Hier wurden winterliche Vögel aus leichter Wellpappe und farbigem Papier aufgeklebt. GEGENÜBER UNTEN RECHTS UND LINKS: Warum nicht ein Geschenkanhänger zum Aufessen? Spritzen Sie einfach Namenszüge auf Pfefferkuchenherzen, die mit fröhlichem Karoband an die Päckchen gebunden werden.

Die Adventszeit ist auch eine Zeit der Geselligkeit – da ist es klug, immer ein kleines Geschenk für unvorhergesehene Gelegenheiten parat zu haben. Süßigkeiten oder eine Flasche Wein – darauf kommt jeder. Selbst gemachte Geschenke bereiten viel mehr Freude. Gerade heute, wo niemand viel Zeit hat, wissen Freunde es zu schätzen, wenn man sich ganz speziell für sie etwas Mühe macht.

Selbst gemacht

Glauben Sie nur nicht, dass sie sich den ganzen Dezember lang an die Nähmaschine ketten müssen, um Geschenke selbst zu machen. Es darf ruhig ganz unkompliziert sein. Ein Strauß Winterblüten und Laub aus dem Garten, mit einer breiten Samtschleife umschlungen, ist eine schöne Alternative zu einem gekauften Strauß. Auch selbst gemachter Baumschmuck, vielleicht drei Wäscheklammer-Engel in einer hübschen Schachtel, sind ein ganz persönliches Geschenk, das gleich seinen Platz im Baum finden kann.

Zu einer Einladung zu einem großen Essen könnten Sie eine kleine Tischdekoration mitbringen, vielleicht Platzkarten mit Engelsflügeln (siehe Seite 70) oder Kardamombirnen (siehe Seite 71). Oder Sie kaufen ein großes Paket dicker Stumpenkerzen, umwickeln sie mit Bienenwachs-Platten und verschnüren je drei mit einer einfachen Schleife.

Ein duftendes Winterpotpourri zu mixen macht fast so viel Spaß wie Plätzchenbacken, nur um genaue Mengen, Temperaturen und andere Details muss man sich nicht kümmern. Ätherische Öle mit weihnachtlichen Düften wie Sandelholz, Zeder oder Weihrauch sind in Drogerien und Bioläden zu haben. Entscheiden Sie selbst, welche Mischung Sie besonders festlich finden. Suchen Sie bei einem guten Floristen nach interessanten Trockenzutaten, etwa verschiedenen Tannenzapfen, getrockneten Gewürze wie Sternanis und Zimtstangen oder getrockneten Blättern und Früchten.

In Gegenden, in denen es Weihnachten kalt ist, wäre auch eine schöner Wärmflaschenbezug ein schönes Geschenk. Er passt gut zur Jahreszeit, außerdem kaufen sich die meisten Menschen so einen kleinen Luxus nicht selbst. Gutes Kunstfell ist zwar teuer, doch für ein Geschenk dieser Größe brauchen sie nur ein kleines Stück. Nehmen Sie die Wärmfalsche als Schablone und nähen Sie gleich mehrere Bezüge (denn einen wollen Sie bestimmt selbst behalten!). Füttern Sie die Bezüge mit kontrastfarbenem Stoff und nähen Sie ein passendes Band als Verschluss an.

GEGENÜBER OBEN: Über Kerzen freut sich jeder, ganz besonders zur Weihnachtszeit.
GEGENÜBER UNTEN: Weihnachtsdekorationen eignen sich gut als kleines Dankeschön anstelle der üblichen Pralinenschachtel oder Weinflasche.
DIESE SEITE: Mischen Sie eine große Schüssel Weihnachtspotpourri und füllen Sie es für gute Freunde in kleine Cellophantüten. Ein selbst geschriebenes Etikett mit einem schönen Band anbinden – mehr Verpackung ist nicht nötig.

UNTEN: Ein kuscheliger Wärmflaschenbezug ist ein netter Luxus und ganz einfach zu nähen. Ein Stoffstreifen, der ganz um die Wärmflasche herum reicht, wird an zwei Seiten zu einem Sack zusammengenäht, mit kontrastfarbigem Stoff gefüttert und mit einem passenden Band zugebunden.
RECHTS: Die Karobeutel – eigentlich verkleinerte Versionen des Wärmflaschenbezugs – eignen sich gut als Geschenkverpackung.
GEGENÜBER: Nützliche Geschenke wie ein Tagebuch werden mit einem individuellen Stoffbezug zu einer ganz persönlichen Gabe.

Den Stoff rechts auf rechts legen, die Kanten zusammensteppen, oben offen lassen. Die Oberkante säumen, die Wärmflasche hineinstecken und den Bezug mit dem Band fest um den Wärmflaschenhals binden. Wer es ganz gut machen will, näht zwei Gürtelschlaufen an, damit das Band nicht verrutschen kann.

Fotoalben sind nützliche Geschenke, die vor allem bei frisch verheirateten Paaren oder jungen Eltern gut ankommen. Gerade in diesen Lebensphasen werden eher viele Fotos gemacht. Damit sich das Geschenk von den vorhandenen Alben abhebt, beziehen Sie es mit einem edlen Stoff.

Tagebücher, Notiz- und Skizzenbücher lassen sich auf die gleiche Weise in persönliche Geschenke verwandeln. Jugendliche, die für ein Jahr ins Ausland gehen, freuen sich auch über ein Reisetagebuch mit einem Bezug aus witzigem Stoff (je nach Geschmack Chintz oder Matratzendrell) oder einer Collage aus Fotos von Freunden und Verwandten. Fragen Sie in einem guten Schreibwarengeschäft ruhig nach preisreduzierten Notizbüchern mit leicht angestaubtem Umschlag und geben Sie etwas mehr für einen originellen Bezugsstoff aus.

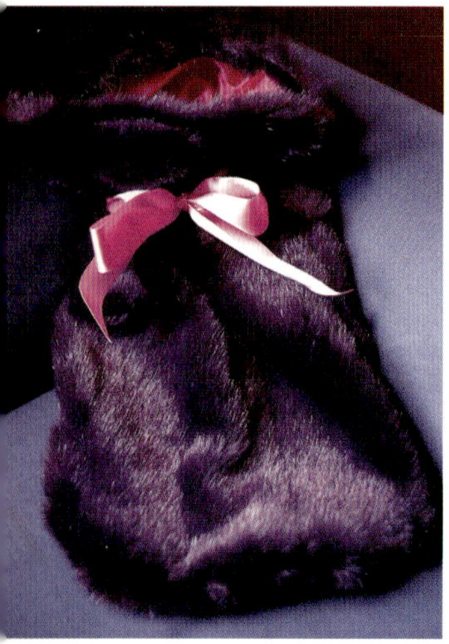

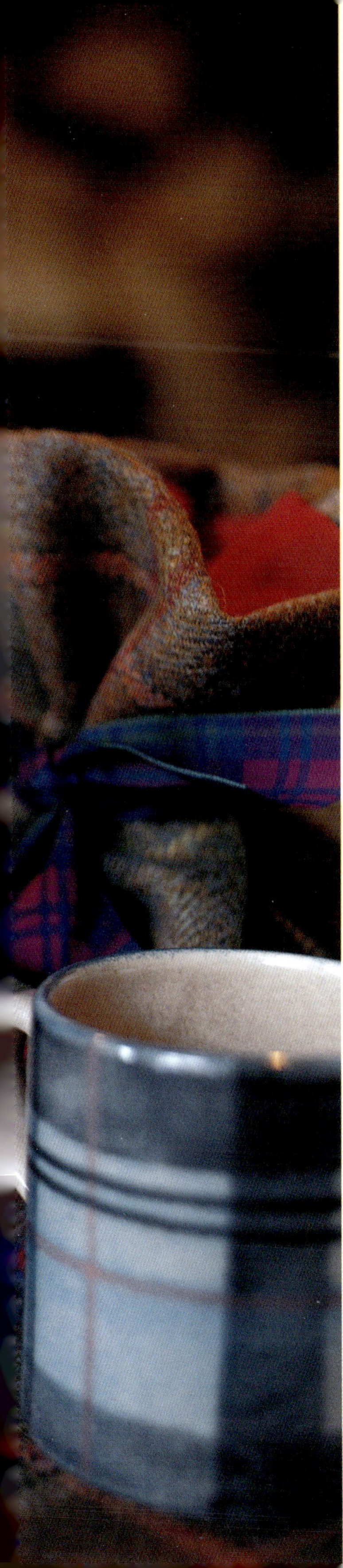

Essbare Geschenke stehen zu Weihnachten hoch im Kurs. Immerhin ist dies die Zeit, um sich jeder gern ein bisschen verwöhnt. So verlockend es ist, Delikatessenabteilungen nach feinen Ölen oder Weinen zu durchstöbern – Geschenke aus der eigenen Küche sind nicht zu übertreffen. Selbst gemachte Plätzchen oder Baumbehang aus Lebkuchenteig sind eine liebevolle Überraschung, und viel persönlicher als eine Schachtel Pralinen.

Aus der Küche

Pfefferkuchen sind ein schönes Geschenk für Kinder. Wenn sie liebevoll verziert werden, kann man sie auch einzeln verschenken.

Pfefferkuchen

Mehl, Backpulver, Salz und Gewürze in eine Schüssel sieben.

Die Butter in einem Topf schmelzen, beide Zuckerarten zufügen. Abkühlen lassen, dann die Eier einrühren.

Die Buttermischung langsam unter das Mehl rühren. Den klebrigen Teig in eine Schüssel geben, mit Frischhaltefolie abdecken und über Nacht in den Kühlschrank stellen, bis er sich formen lässt.

Den Teig 5 mm dick ausrollen und Formen ausstecken. Zum Aufhängen oben ein Loch einstechen. Im vorgeheizten Backofen bei 180 °C 10 Minuten backen.

Auf einen Küchengitter abkühlen lassen, danach mit Zuckerguss verzieren.

Zuckerguss

Puderzucker und Eiweiß glatt rühren. Wenn mehrere Farben verwendet werden sollen, die Mischung in mehrere Schälchen geben und Lebensmittelfarbe einrühren. In Spritzbeutel füllen und die Plätzchen verzieren.

340 g Mehl
1 Teelöffel Backpulver
1 Teelöffel Salz
1 Teelöffel gemahlene Muskatnuss
2 Teelöffel Zimt
2 Teelöffel gemahlener Ingwer
225 g Butter
225 g Zucker
170 g hellbrauner Zucker
2 Eier, verquirlt

Zuckerguss
1 Eiweiß
150 g Puderzucker
Lebensmittelfarbe nach Belieben
Ausstechförmchen
gefettetes Backblech
Spritzbeutel mit dünner Lochtülle

ERGIBT 15 PLÄTZCHEN

Wer diese Marshmallows einmal probiert hat, wird nie wieder gekaufte wollen. Prima zum Rösten über dem Feuer

Marshmallows

1 Tasse kaltes Wasser

2 Esslöffel Gelatine

675 g feiner Zucker

425 g heller Sirup

1 Teelöffel Salz

2 Teelöffel Vanilleextrakt

Puderzucker

Zuckerthermometer

Gefettete, flache Kastenform, 30 – 22 cm

ERGIBT CA. 30 STÜCK

Drei Viertel des Wassers in die Mixerschüssel geben, die Gelatine darauf streuen und quellen lasen.

Das restliche Wasser in einem Topf mit Zucker, Sirup, Salz und Vanilleextrakt erhitzen, bis das Zuckerthermometer 116 °C anzeigt und die Masse zäh wird.

Die Gelatine mit dem Mixer verrühren. Bei laufendem Motor den heißen Sirup an der Schüsselwand entlang langsam zugießen. Die Geschwindigkeit erhöhen und schlagen, bis die Masse weiß ist und steife Spitzen bildet. Das kann bis zu 30 Minuten dauern.

Die Masse in die Form füllen, mit Frischhaltefolie abdecken und über Nacht stehen lassen. Eine Arbeitsfläche mit Puderzucker bestreuen, die Masse darauf stürzen und mit einem eingeölten, scharfen Messer in Stücke schneiden.

Kinder lieben diese Schneemänner und helfen begeistert mit – beim Herstellen und beim Essen. Auch als Dekoration für einen Weihnachtskuchen mit weißem Guss eignen die kleinen Kerle sich gut.

Zucker-Schneemänner

500 g Puderzucker, gesiebt

1 großes Eiweiß, verquirlt

1 Esslöffel heller Sirup

Lebensmittelfarbe in Grün und Rosa

Silberne Liebesperlen und andere kleine Dekorationen

ERGIBT 10 SCHNEEMÄNNER

In einer Schüssel die Hälfte des Puderzuckers und das Eiweiß mit einem Holzlöffel glatt rühren.

Den Sirup und die Hälfte des restlichen Puderzuckers zufügen und glatt rühren.

Den restlichen Zucker zugeben, etwas zum Bestreuen der Arbeitsfläche übrig lassen. Die Masse lässt sich jetzt nur noch schwer rühren. Ist sie zu fest, ganz wenig Wasser zugeben.

Die Masse in 3 Portionen teilen. Eine Portion mit rosa Lebensmittelfarbe eintönen, eine zweite mit grüner. Die Masse, die gerade nicht verarbeitet wird, sofort mit Frischhaltefolie abdecken.

Etwas Masse abnehmen, auf der gezuckerten Arbeitsfläche durchkneten und den runden Bauch formen. Dann den Schal und anschließend den Kopf aufsetzen. Erfinden Sie verschiedene Hutmodelle. Liebesperlen werden für Knöpfe, Augen, Nase und andere Details verwendet.

Die Schneemänner an einem kühlen, trockenen Platz einige Tage aushärten lassen.

Ein Geschenk für Kenner, das so gut aussieht, wie es schmeckt. Wer in der Weihnachtszeit mehrere Einladungen hat, sollte einen guten Vorrat herstellen – so ist immer ein schönes Mitbringsel für die Gastgeber zur Hand.

Kandierte Esskastanien

450 g frische Esskastanien

450 g feiner Zucker

150 ml Wasser

1 Teelöffel Vanilleessenz

ERGIBT 675 G KASTANIEN

Die Schalen der Esskastanien mit einem scharfen Messer anritzen. Die Kastanien 20 Minuten kochen und noch warm schälen.

Zucker und Wasser in einem Topf bei niedriger Temperatur zu einem Sirup einkochen. Es darf kein Zucker an den Topfrändern haften. Den Sirup 1 Minuten kochen lassen.

Kastanien und Vanillearoma zufügen und 10 Minuten köcheln lassen.

Die Kastanien aus dem Sirup nehmen, auf einem Küchengitter abtropfen lassen. Den Sirup auffangen.

Nach 24 Stunden den Sirup nochmals erhitzen und die Kastanien weitere 10 Minuten darin köcheln lassen.

Abtropfen und abkühlen lassen, dann in Schachteln oder Gläser verpacken.

Die Mischung aus Früchten, Nüssen und Schokolade ist einfach unwiderstehlich.

Florentiner

55 g Butter

55 g Zucker

2 Teelöffel Honig

55 g Mehl

150 g Mischung aus kandierten Früchte (Kirschen, Orangeat, Zitronat) und geschälten, gehackten Mandeln

200 g dunkle Schokolade

2 Backbleche, mit Backpapier ausgelegt

ERGIBT 20 PLÄTZCHEN

Butter, Zucker und Honig in einem kleinen Schmortopf schmelzen. Vom Herd nehmen. Mehl, Früchte und Mandeln zufügen und gut verrühren.

Von der Masse teelöffelgroße Häufchen mit reichlich Abstand auf ein Backblech setzen und etwas flach drücken.

Im vorgeheizten Ofen bei 180 °C 8–10 Minuten goldbraun backen. Aus dem Ofen nehmen, einige Minuten abkühlen lassen, dann auf ein Küchengitter legen.

Nach dem Abkühlen können Sie die Florentiner mit einem scharfen Messer rund schneiden – das muss aber nicht sein. Die Unterseiten mit geschmolzener Schokolade bestreichen. Kurz vor dem Aushärten der Schokolade mit einer Gabel ein Wellenmuster hinein ziehen.

Würzige Öle kann jeder Koch gebrauchen. Sie sehen schön aus und sind schnell gemacht. Schöne Glasflaschen finden Sie in Kaufhäusern und Küchen-Fachgeschäften.

Olivenöl

ausreichend gutes Olivenöl (extra vergine) zum Füllen der gewünschten Flaschen

verschiedene Kräuter und Gewürze, z.B. Rosmarin- und Thymianzweige, getrocknete Chillies, Pfefferkörner, Lorbeerblätter.

Einige ausgewählte Kräuter oder Gewürze in eine Flasche geben, mit Öl auffüllen.

Einen hübschen Anhänger beschriften und mit einem Band am Flaschenhals befestigen. Vielleicht könnten Sie noch eine kleine Weihnachtsdekoration dazu hängen.

Schlehenlikör muss mindestens drei Monate vor Weihnachten vorbereitet werden, aber die Mühe lohnt sich. Er sieht hinreißend aus und schmeckt so gut, dass die Flasche schnell leer werden wird.

Schlehenlikör

Hochwertiger, klarer Schnaps

ca. 450 g Schlehen

ca. 225 g Zucker (Hälfte des Fruchtgewichtes)

2–3 Tropfen Bittermandelöl

1 große oder 2 kleine Flaschen

Im Frühherbst viele Schlehen sammeln und jede mit einer Nadel anstechen. Schlehen sind aromatischer nach dem ersten Frost. Alternativ kann man sie eine Woche ins Gefrierfach legen.

Die Früchte wiegen. Die halbe Gewichtsmenge Zucker abwiegen. Die Flasche bis zur Hälfte mit Früchten füllen, den Zucker darauf geben.

Nach Belieben Bittermandelaroma zugeben, dann die Flasche mit Schnaps auffüllen.

Im Idealfall sollten Sie den Ansatz 3–6 Monate stehen lassen, dann durch ein feines Sieb gießen und die rubinrote Flüssigkeit weitere 3–6 Monate ruhen lassen. Schneller geht es, wenn Sie den Ansatz ab und zu schütteln. Je länger der Likör durchzieht, desto aromatischer wird er.

Notizen

Notizen

Bildnachweis

Alle Fotos von Jo Tyler.
Legende: o = oben, u = unten, r = rechts, l = links, M = Mitte.

1 Wäscheklammer-Engel von Emily Medley; 2 Gemalte Dekorationen von Emily Readett-Bayley; 4 Korb mit Kugeln von Dawn Gren; 6 Gestricktes Spielzeug von Baileys Haus & Garden, Hund auf Karostoff von Mulberry Home, Karokissen von Anta; 7 Aus des Art Directors Hans Blomquist in London; 8–9 Haus von Hélène Adamczewski in Lewes / Geschirr, Gläser und Tischwäsche von Adamczewski; 10l Seidenblumen von VV Rouleaux, Vogel vom New Covent Garden Market; 11 Schwarze Kugeln von DZD, Seidenblüten von VV Rouleaux, Band vom New Covent Garden Market, antike Stoffherzen und Pantoffeln von Tobias & The Angel, Geschenkpapier von Paperchase; 12 Kerzen von Ethos Candles, Gläser und Gebäck-Etagere von The Dining Room Shop, Knallbonbons von Napier Industries; 13 Glasperlen-Girlande von VV Rouleaux; 14l Karodecke von Mulberry Home; 15r Glas-Gebäcketageren von The Dining Room Shop; 16–21 Lena Renkel Erikssons Haus in London; 16 Möbel von The Swedish Chair, Geschirr, Tischwäsche, Vasen, Schalen, hängende Dekorationen, Figuren und karierte Tischwäsche von von The Blue Door; 17l Rote Holzdekorationen von The Blue Door; 17or Baumschmuck von The Blue Door; 17ur Servietten, Geschirr und Strohschmuck von The Blue Door; 18l Pfefferkuchenhaus von Clementine Young; 20 Girlande von Dawn Gren; 20–21l Strohdekoration von The Blue Door; 21M–21r Adventskerze und Schale von The Blue Door; 22–27 Abigail Aherns Haus in London; 22r–23l Glaskugeln von The Christmas Shop; 24 Perlengirlanden von VV Rouleaux, Strohdekorationen von Baileys Haus & Garden; 25 Kerzen von Ethos Candles; 27l Eiszapfen-Lichter von Woolworths; 27r Schneeflocken-Dekoration von Paperchase; 28–31 Clare Nashs Haus in London; 28r Gestreifte Kugeln von Paperchase; 29 Skulptur aus Metall von Alec Tiranti; 30 Kugeln von Paperchase, Glitzerstäbe von New Covent Garden Market; 31r–33 Clare and Alexs Haus in London; 32 Papierlaternen by Angel Works; 34–35 Perlen und Perlenbäumchen von Paperchase; 36–37 Familienhaus in London, Innenarchitektin Vivien Lawrence; 36l Schmetterlinge von VV Rouleaux, Muscheln von New Covent Garden Market; 36r–37l Seidenblüten von VV Rouleaux, Blumen von Novelty, Papier von Paperchase; 37r Schmetterlinge von VV Rouleaux; 38o Stoffpantoffeln und Herzen aus antiken Stoffen von Tobias & The Angel; 38b Glaskugeln von New Covent Garden Market; 39 Perlenblüten von VV Rouleaux, Vogel von New Covent Garden Market; 40–41 Hélène Adamczewskis Haus in Lewes; 40 Tannenzapfen von New Covent Garden Market, Papier mit Holzoptik von Paperchase; 41ol Zimtstangen von New Covent Garden Market; 41ul Gestricktes Spielzeug von Baileys Haus & Garden, Bronzekugeln von DZD; 42 Lena Renkel Erikssons Haus in London; 42l Weiße Stangen von New Covent Garden Market; 42r–43l Gestreiftes Band von VV Rouleaux, Holzteddy und Baumschmuck von Paperchase, Metallherzen von Grace & Favour; 43M Plätzchen von Clementine Young; 43r Gravierte Kugel und gehäkeltes Schneekristall von Habitat; 44 Skulptur aus Metall von Alec Tiranti, schmal gestreifte Kugeln und kleine Kugeln von Paperchase, breit gestreifte Kugeln von Habitat; 45 Weiße Zweige von New Covent Garden Market, irisierende Glaskugeln von The Christmas Shop; 46 Craquelée-Kugeln von New Covent Garden Market; 47or Deko-Äpfel von New Covent Garden Market; 47u Nussgirlande von Grace & Favour; 49r Jo Tyler; 50, 51M & r Familienhaus in London, Innenarchitektin Vivien Lawrence; 50 Schmetterlinge und Perlengirlande von VV Rouleaux; 51l Jo Tyler; 51M–51r Perlenkranz von VV Rouleaux; 52 Hans Blomquists Haus in London; 52l Herz aus Zweigen von Grace & Favour; 52r Getrocknete Früchte von New Covent Garden Market; 53 Hélène Adamczewskis Haus in Lewes/ Pfefferkörner von New Covent Garden Market; 54 Tagesdecke von Emily Medley, Papiergirlande mit Weihnachtsmännern von VV Rouleaux; 55u Hélène Adamczewskis Haus in Lewes/Reisigkranz von Paperchase; 55r Deko-Pantoffeln und Herzen von Tobias & The Angel; 56 Karten von Paperchase; 57 Deko-Schneeflocken von DZD; 58 Minikugeln and Karten von Paperchase; 59 Clare Nashs Haus in London/Filzkarten von Emily Medley, Kristalltropfen von Paperchase; 62u Jo Tyler; 62–63 Sally Butler und Tom Carters Haus in London; 62or Karoband von Temptation Alley; 62u Weiße Keramikdekorationen von Habitat; 63M Bemalt Holzdekorationen von Emily Readett-Bayley; 64l Handschuhgirlande von Baileys Haus & Garden; 64ur Holztaube von Grace & Favour; 64r–65 Hans Blomquists Haus in London/Stoffdekoration von Caroline Zoob, Glaskugeln von The Pier; 66 Familienhaus in London, Innenarchitektin Vivien Lawrence; 66–67 Hélène Adamczewskis Haus in Lewes/Holzsterne von Paperchase, Schals von Ford Barton; 68–69 Jo Tyler/ Karodecke von Mulberry Haus Collection, Knallbonbons von Napier Industries; 69r Schafe von Ford Barton; 70–71 Hélène Adamczewskis Haus in Lewes; 71 Geschirr, Gläser und Tischwäsche von Adamczewski; 72 Lena Renkel Erikssons Haus in London; 72l Tischwäsche und Schale von The Blue Door; 72r Tischwäsche und Teller von The Blue Door; 73 Sally Butler and Tom Carters Haus in London / Tortenplatte von Grace & Favour, Bienenwachsplatten zum Rollen von Kerzen von The Hive; 74–75 Clare und Alexs Haus in London; 74or Band von Temptation Alley; 74ur Süßigkeiten von Selfridges; 75 Rotkehlchen von New Covent Garden Market, Weißer Weihnachtsbaum von DZD, Kerzen, Pappbecher, Pappteller und Papierservietten von Paperchase; 76–77 Bienenwachsplatten zum Rollen von Kerzen von The Hive; 78o Windlicht aus Glas von Adamczewski; 80l Bienenwachskerzen von The Hive; 80 81 Kerzenhalter von Baileys Haus & Garden; 81r Grünes Band von Temptation Alley, Kugel von Grace & Favour; 82 Lena Renkel Erikssons Haus in London; 82l Filzbeutel von Plümo; 82ur Filzdekorationen von Plümo; 82–83 Clare Nashs Haus in London/Filz von The Cloth Shop, Babysocken von Trotters; 84u Seidenpapier von Paperchase; 85 Minieimer von New Covent Garden Market; 86 Strumpf von Caroline Zoob; 87 Clare und Alexs Haus in London/ Socken aus antiken Stoffen von Emily Medley; 88–89 Fleece von Boroviks, Strüumpfe von Emily Medley, Cord von Textile King, Geschenkpapier von Liberty; 89r Hélène Adamczewskis Haus in Lewes/ Socken von Ford Barton; 90l Engel von Angel Works; 90r Filzbeutel von Emily Medley; 91 Lena Renkel Erikssons Haus in London/Papier von Kath Kidston für Liberty, Vichy-Karo von John Lewis, Sackleinen von New Covent Garden Market; 92–93 Wäscheklammer-Engel und Pompom-Schneemann von Emily Medley; 96–97 Filzdekorationen und Weihnachtsmann von Emily Medley; 98–99 Papier mit Holzoptik von Paperchase; 100–101 Strumpf-Karten von Caroline Zoob; 101l Card & Origami-Papier von Paperchase; 103 Schneeball-Kerze von Baileys Haus & Garden; 104 Seidenpapier von Paperchase; 105l Glitzerpapier, Glasknöpfe und Silberschnur von Liberty, Glitzer-Schmetterlinge von Baileys Haus & Garden; 106l Sternengirlande von VV Rouleaux; 106r–107l Lena Renkel Erikssons Haus in London/Tortenplatte von Grace & Favour, Wellpappe von Paperchase; 108l Holzanhänger von Grace & Favour; 109o Geschenkanhänger von Paperchase; 109u Seidenblüten von Flowers by Novelty; 110o Birne von Emily Readett-Bayley, Geschenkpapier von Paperchase; 110ul Uni Tüten von Selfridges, Karte von Paperchase; 111 Karoband von Temptation Alley; 112o Stumpenkerzen von Prices Candles, Bienenwachs-Platten von The Hive; 114l Kunstpelt von The Cloth Shop; 114r Becher und Schale mit Karomuster von Anta, Beutel und Tischläufer aus Karostoff von Mulberry Home; 115 Fotoalbum und Band von Paperchase; 116 Plätzchen von Clementine Young, Karoband von Temptation Alley; 118–121 Marshmallows, Schneemänner, kandierte Esskastanien und Florentiner von Clementine Young; 123 Holzanhänger von Grace & Favour.

Danksagung

Wir bedanken uns für die unermüdliche Hilfe: bei Clementine Young für die köstlichen essbaren Dekorationen und Geschenke, bei Emily Medley und Vicky Robinson für die kreative Arbeit mit Filz, Papier, Flitter und Klebstoff und all die schönen Dekorationen, bei Dawn Gren für ihre Hilfe bei den Aufnahmen, bei Clare Packer für den reizenden Adventskalender auf Seite 84, und bei Pete Martin für die herrlichen Weihnachtsbäume. Ganz besonderen Dank allen, die uns in ihre Häuser schauen ließen, vor allem Amanda Vesey und Georgina Hammick, bei denen wir auch logierten.

Register